柳田国男を読む

赤坂憲雄

筑摩書房

目次

第三章　漂泊から定住へ

第四章　北の異族、南の同朋

一国民俗学を越えて

『会津物語』は可能か

柳田国男の初志を受け継ぐ

あとがき

313

柳田国男を読む

第一部　柳田国男の読み方

序章

民俗学以前

兵庫県辻川の柳田国男生家

民俗学が自明ではない場所から

たとえば、柳田国男《やなぎたくにお》とは誰か、と問いかけてみる。柳田国男は日本の民俗学を創った人である。たぶん、そのことに異論を唱える者はいないだろう。それでは、柳田の創った民俗学とは何か、どういう学問であったのか。柳田の時代には、民俗学はけっして自明なものではなかった。フォークロアと呼ばれる学問はたしかに、ドイツやイギリスに存在したが、柳田はそれをじかに輸入することには懐疑的だった。日本という歴史・文化的な風土のなかで、民俗学はいかにして可能かを問いつづけたのが、柳田国男であった。

その問いはしかも、柳田と同時代を生きる多くの人々によって共有されていた問いでもある。眼の前には、近代という時間の訪れとともに急激に変容し、壊れてゆくものがあった。人と人、人と社会、人と自然、それらを繋ぐ関係のあり方の総体、つまりは世界観それ自体が、根っこから崩れ変容してゆく時代がはじまっていた。ある者は博物学的な欲望に駆られながら過去のかけらを収集してあるき、ある者は失われてゆく世界の底に古代のかたちを探りもとめ、また、ある者は固有名詞や年号とは無縁な小さな歴史の背後から、民族的なるものの結晶である日本人の姿を原型として掘り起こそうと努めた。

さまざまな民俗学が、いや、のちに民俗学と名づけられることになる知の運動が存在した。やわらかな可能性の芽吹きが、そこかしこに転がっていた。運動の渦の中心には、柳田国男がいた、南方熊楠《みなかたくまぐす》や折口信夫《おりくちしのぶ》がいた、そして、たくさんの志と欲望を抱えた若い知の探求者たちがいた。かれらは未知なる領域に、素手同然で果敢に踏みこんでゆく戦士であり、いまだ名づけられざる民俗学は生々しい闘いの現場であった。戦士といい、闘いと書く、まったく大仰な物言いであることは、むろん承知のうえだ。しかし、どこにでもある平凡なもの、野辺のかたわらにうち棄てられたもの、名もなき忘れられたもの、そうした小さな人やモノや風景のなかにこそ、豊かな知の鉱脈は埋もれている――と最初に語った者は、疑いもなく革命の人であった。その言挙げ《マニフェスト》のもとに馳せ参じた人々の、すくなくとも幾人かは志を生きる戦士であったはずだ。

　闘いの現場であったことを忘れ、いつしか自明の制度へと成り上がった民俗学の現在《いま》からは、とても想像しがたいことかもしれない。とはいえ、柳田国男がそうした時代を生き抜いた思想家であることは、十分に記憶に留められるべきことだ。はじめに民俗学ありき、ではない。民俗学はたんなる結果である。終わりに民俗学ありき、そう、あえて反語のごとくに呟いてみたい気がする。

　たとえば、『遠野《とおの》物語』や『後狩詞記《のちのかりことばのき》』を世に問うた、それゆえ明治末年の柳田は、まるで民俗学とは無縁な場所にいた。それを民俗学誕生の記念碑などと祀りあげるのは勝手だが、『遠野物語』や『後狩詞記』がそれだけ窮屈な読みを強いられ、歪められてきたこともまた確実である。柳田の後期の思想に「民俗学」の名をあたえることには、とりたてて異論はない。しかし、あまたの可能性のひとつの着地点にすぎぬ「民俗学」をもって、柳田の生涯にわたる思想のすべてを括ることには、とうてい同意しがたい。民俗学がまるで自明ではない場所から、柳田国男を読む、それがここでわたしが択びとった読みの作法であり、流儀である。

それにしても、柳田の残した膨大なテクスト群は、その多くが時代とのせめぎ合いの所産であり、幾重にもよじれた具体／抽象のヴェールに覆われている。牧歌的な常民たちの風景を読むことも可能であれば、秘め隠された生臭い政治との関わりの痕跡《あと》を読むことも可能であるような、たいへん振幅の激しい、多義的に開かれたテクストである。柳田の著作のなかに郷愁《ノスタルジー》の雰囲気を見てとる誤読がまかり通ってきた、そのことへの苛立ちはある。が、同時に、それを柳田国男という政治に還元し尽くそうとする、意識的な誤読の流行にたいしても、わたしは一線を劃しておきたいと思う。

あらためて柳田国男とは誰か

そこには、いくつもの「民俗学」以前の民俗学があった。すくなくとも、可能性としての民俗学への幾通りかの道行きはありえた。柳田が一人、傑出した政治的手腕を備えていたがゆえにか、それを「民俗学」の名において組織することに成功した。おそらく、南方や折口、そして、ほかの誰にもそうしたカオスにも似た知の欲望と運動を束ね、組織するだけの政治力はなかった。民俗学をめぐる中心と周縁の構図、その中心に鎮座していたのはつねに、すでに柳田国男その人である。周縁部に生起する運動を巧みに摂り込みながら、柳田はたったひとつの「民俗学」への道筋をつけた。そうして民俗学は柳田民俗学の別名詞と化した。

しかし、柳田の後期思想つまり「民俗学」は、けっして民俗学それ自体ではない。民俗学的な知の方法や実践の、ひとつの亜型《タイプ》であるにすぎない。柳田の「民俗学」には、柳田その人のきわめて個人的な欲望や無意識の資質といったものが、あまりに色濃く貼りついている。たとえば、家永続の願いに発する祖霊信仰の重視や、どこか偏愛めいた執着にもとづく稲作一元論的な志向といったものは、柳田の「民俗学」のまさに思想としての核であったといってよい。それはしかし、柳田国男という思想家《イデオローグ》の個性の表われではありえても、民俗学という知の方法と実践の、かならず他者と共有されるべき特性などではありえない。柳田の「民俗学」はいつしか、民俗的なるものへと向かう、やわらかな知の可能性にたいする見えにくい軛《くびき》となった。だからこそ、それをひとたび、柳田国男の名を冠されたひとつの思想のかたちという慎ましやかな場所へ押し戻してやることが必要だ、とわたしは感じる。

ともあれ、「民俗学」をこれほど広く世間に認知させ、たとえ傍流ではあれ制度としての学の一隅に座を占めさせ、数も知れぬ「民俗学者」を輩出させる状況を作りあげたのは、疑いもなく柳田のある種カリスマ的な力であり、柳田がのちの世に残した膨大な遺産であった。眼を背けたところで、それが現実であることには変わりがない。陰に陽に柳田の恩恵を蒙らずに、いま、この国で「民俗学者」であることは不可能な話ではないのか。柳田の遺産をひそかに喰い潰しながら、柳田にまつわる毀誉褒貶《きよほうへん》にはひたすら逃げを張る「民俗学者」の群ればかりが、わたしの眼には映る。

さて、ここで素朴な疑問がひとつ湧いて起こる。それでは、「民俗学」を創った柳田国男その人は、いったい「民俗学者」であったのか。奇妙な問いであるが、わたしのなかでは答えははっきりしている、柳田は「民俗学者」ではなかった、と。柳田のいくつもの旅の軌跡を辿りながら、わたしはそれをある実感として確信するようになった。

柳田の旅は、柳田自身が織りあげた「民俗学」の方法《マニュアル》とは似て非なるものだ。明治三十年代の農政学者としての旅から、ただ一度の沖縄への旅、群小の旅、そして晩年の旅にいたるまで、その旅の作法《スタイル》は頑固なほどに一貫している。柳田の日記にはしばしば、按摩に腰を揉ませながら面白い話を聞き出そうとする光景が描かれている。それが柳田の旅だ、とはいわない。が、柳田が野良仕事をしている百姓、いわば、みずからが常民と名づけた人々のかたわらに腰を落として、その土地言葉に耳を傾けている姿を想像するのはむずかしい。

昭和九（一九三四）年以降、幾度となく山村・海村・離島などの共同調査が柳田の手で組織されたが、柳田自身は一人の「民俗学者」として、いずれの地に降り立つこともなかった。それゆえ、聞き書きの記録や民俗誌のたぐいを残すこともなかった。唯一の民俗誌といわれるのが『北小浦民俗誌』（『定本柳田國男集』第二十五巻）であるが、これもじつは、一人の「民俗学者」の手帖を元にした民俗誌の復原であり、柳田自身のフィールド調査の記録ではない。

柳田の旅はブーメランのように弧を描きながら、一所に留まることなく流れつつ回帰してくる旅である。「民俗学」とはまるで無縁な旅だ。調査と記録にいそしむ柳田の姿はない、それは柳田の手足となって働く「民俗学者」たちの仕事であった。その代わりに、柳田には人にすぐれた眼差しと文体の芸があった、だから、たくさんの紀行エッセイを残した。また、柳田の旅は時には、仮説の再認と検証の旅でもあった。たとえば、柳田は日本人／沖縄人が祖先をひとしくする、同じ民族の古代における分かれではないか――という仮説を抱えて、南の島々を巡る長い旅をおこない、「海南小記《かいなんしょうき》」という一編の美しい紀行文を書いた。それを「民俗学」の領分と見るには、あまりに文学的にすぎる。むろん、そのとき柳田は、いまだ「民俗学」以前の場所に佇んでいたのではあるが。

いずれであれ、柳田自身は生涯にわたり紀行の人であり続けながら、周辺に集まった「民俗学」の無名戦士たちには、断じて仮説の旅や紀行を許さなかった。それは、たった一人の将軍にのみ認められた特権であった。「民俗学」は無名戦士たちの仕事だ。だから、一介の兵士ではない柳田には、「民俗学」の方法《マニュアル》の旅は課せられなかった。柳田国男という人は「民俗学」を創り、多くの「民俗学者」をその傘下に組織したが、ついに自身は「民俗学者」となることなく終わった。それをとりたてて非難しようとは思わない。組織する人の宿命とも読めるからだ。わたしはただ、その、ひき裂かれた背理を孕んだありようが、おそらく柳田の思想にとっての固有の場所であったことを確認しておけばいい。

初期／前期／後期、二つの裂け目

柳田民俗学といい、柳田学という。そう名づけられた瞬間に、あたかも柳田国男の思想的な営為の全体が、一枚の巨大な織物のごとくに統一的なイメージをもって浮かびあがることになる。しかし、柳田の思想を発生的に追いつめてゆくかぎり、そこにはいくつかの大きな揺らぎと断層が覗けていることを認めざるをえない。

たとえば、柳田の思想をつらぬく核のひとつである常民に関して、柳田自身の揺らぎの軌跡に対応するかのように、概念（民俗／分析）と理念（柳田／柳田以後）のはざまに揺れながら、じつにさまざまな解釈が語られ、論争がくりかえされてきた。どこかに、意識されぬままに、見えない常民概念の中心があるはずだとする暗黙の前提がなかったか。この前提それ自体をひとまず疑ってみる必要がある。わたしは柳田民俗学であれ、柳田学であれ、柳田の思想をあらかじめ、一枚の織物のように統一的なイメージにおいて捉える予定調和の眼差しを、ひとたびカッコに括りたいと思う。

時間軸に沿って、柳田のテクストを読みほどいてゆくとき、すくなくとも二つの大きな転回点らしきものがあったことが見えてくる。農政学から「民俗学」の模索へと移行してゆく明治四十年代の初めと、本格的な「民俗学」の確立へと踏みだしてゆく大正末年から昭和三、四年の頃である。そこにある種の思想的な結節点が秘せられていることは、おそらく否定しがたい。すでに幾度となく指摘されてきたところだ。とはいえ、それを柳田自身があきらかに自覚していたか否かは、また別の問題である。

大きな時間の枠組みとして、わたしは柳田の思想の流れを、初期（新体詩人〜農政学）／前期（「民俗学」以前）／後期（「民俗学」の体系化と確立）に区分している。群小のモチーフや主題ごとに、かなりのズレや揺れがある。それを承知したうえで、初期／前期／後期、それぞれの時期区分を試みるならば、とりあえず以下のようになる。

初期（明治三十年代）――。好んで旅と夕暮れと墓について歌った憂愁と厭世の詩人・松岡国男が、歌への訣《わか》れを果たし、農政学者ないし官僚としての新たな出立をする。精力的に視察と講演の旅をくりかえし、経世済民の志に生きようとしていた農政学者・柳田国男が同時に、依然として、他界への憧れを濃密に抱えこんだ「幽冥談」の筆者でもあったことを忘れてはならない。やがて、農政学の限界がゆるやかに自覚されてゆくなかで、内なる農政学への訣れが果たされることになる。

前期（明治四十年代〜大正末年）――。九州を巡る旅のなかで宮崎県椎葉村《しいばそん》を訪ね、また、佐々木喜善から岩手の遠野地方に伝わる話を聞いたのは、ともに明治四十一（一九〇八）年のことである。二つの土地との出会いが、幾重にも農政学以後を刻印された二つの著作、『後狩詞記』と『遠野物語』を産んだ。平地とは異なる時間に浸された山という場所にたいする関心が芽生え、これ以降、古代先住民の末裔としての山人の消息をもとめる、柳田のいささか奇妙な彷徨の旅がはじまる。定住農耕の村の外部《そと》を漂泊する人々に向けての関心も高まった。柳田はこの時期、それら漂泊の民を視野に繰りこんだ「農村生活史」を構想していた。沖縄への旅とジュネーブ滞在をはさんで、大正十年代にいたると、山人論と漂泊民論の系譜は急速に翳《かげ》りを見せはじめ、やがて訣れが果たされることになった。沖縄が同朋の島として発見されるとともに、北のアイヌ文化ははっきりと日本文化から切断された。

後期（昭和初年〜晩年）――。昭和三（一九二八）年に刊行された『雪国の春』が、大きな劃期《エポック》をなす。そこに収められたいくつかの論考は、鮮やかなまでに稲と常民と祖霊信仰とが三位一体となった「民俗学」への旅立ちを告知し、山人・アイヌや漂泊の民らを捨象した「民俗学」への道行きが開始される。「民俗学」の学としての体系化と、それを支えるための組織固めが押し進められた。昭和十年頃に、ほぼ「民俗学」はかたちを整え確立を見た、と考えられる。それ以降、晩年にいたる後期思想つまり「民俗学」の展開のプロセスについては、ここで多くを語る意志はない。

それゆえ、二つの大きな過渡の季節があった。曖昧に、むしろ隠されながら進行する挫折と変容の過程である。それを明確な転回点として抽出することは、柳田のテクストの現実そのものに反してもいる。が、あえて愚を犯してみたい誘惑に駆られる。

農政学への訣れから、山人や漂泊民にたいする関心を前面に押し立てた前《プレ》「民俗学」期への移行、すなわち初期／前期を分かつ時間の裂け目は、明治四十一（一九〇八）年からの数年間であろうか。『遠野物語』の刊行された明治四十三（一九一〇）年が、社会的には大逆事件と韓国併合の年でもあったことを記憶しておきたい。あるいは、山人や漂泊民への関心が後景に退き、「民俗学」の確立に向けての道行きがはじまるのは、大正の末から昭和の初めにかけての時期である。この前期／後期を隔てる裂け目がもっとも凝縮されたかたちで見いだされるのは、昭和三、四年である。見えにくい、しかし断固としたアイヌ文化への訣れがあった。昭和三（一九二八）年の大嘗祭《だいじょうさい》がどこかで微妙な影を落としている気がする。

他界願望と経世済民のあいだに

ひとつの大きな思想が孕みもった時間に腑分けのメスを入れ、あえて秘め隠された断層を浮き彫りにしてゆく。乱暴極まりない所業《わざ》であることは承知している。とはいえ、柳田の思想の全体像を俯瞰しておきたいと願うわたしにとって、不可欠な作業の一環ではあった。もっぱら非連続の相にたいして関心を注いできた。それでは、柳田の思想を生涯にわたって貫く連続の相といったものは、存在するか。

たとえば、柳田の思想の根柢には、他界願望／経世済民という相異なる志向のせめぎ合いが横たわっているのではないか、そう、わたしは想像を巡らしてきた。他界への憧れや執着は、いわば無意識の資質として底流している。かのたそがれの国にこそ、こひしき皆はいますなれ、うしと此世《このよ》を見るならば、我をいざなへゆふづゝよ（「夕づゝ」）と、いかにも感傷的に歌った二十代の新体詩から、他界＝かくり世への思慕の情を吐露した「幽冥談」、神隠しをめぐる現象や山という異界深くを漂泊する山人について語った『山の人生』、日本人の霊魂やあの世のイメージを再構成しようと試みた『先祖の話』、そして、稲を携えつつ南の島伝いに北上してきた民族渡来の道を一編の詩として提示してみせた、最晩年の『海上の道』にいたるまで、資質としての他界願望はあきらかに途切れることなく見いだされる。

それにたいして、もうひとつの経世済民の志向はどうか。少年時代に飢饉を眼《ま》の当たりに体験した柳田は、終生、何故に農民は貧なりや——という問いを手放すことがなかった、としばしばいわれる。農政官僚となり、また「民俗学」の模索へと進んでゆく道筋の起点

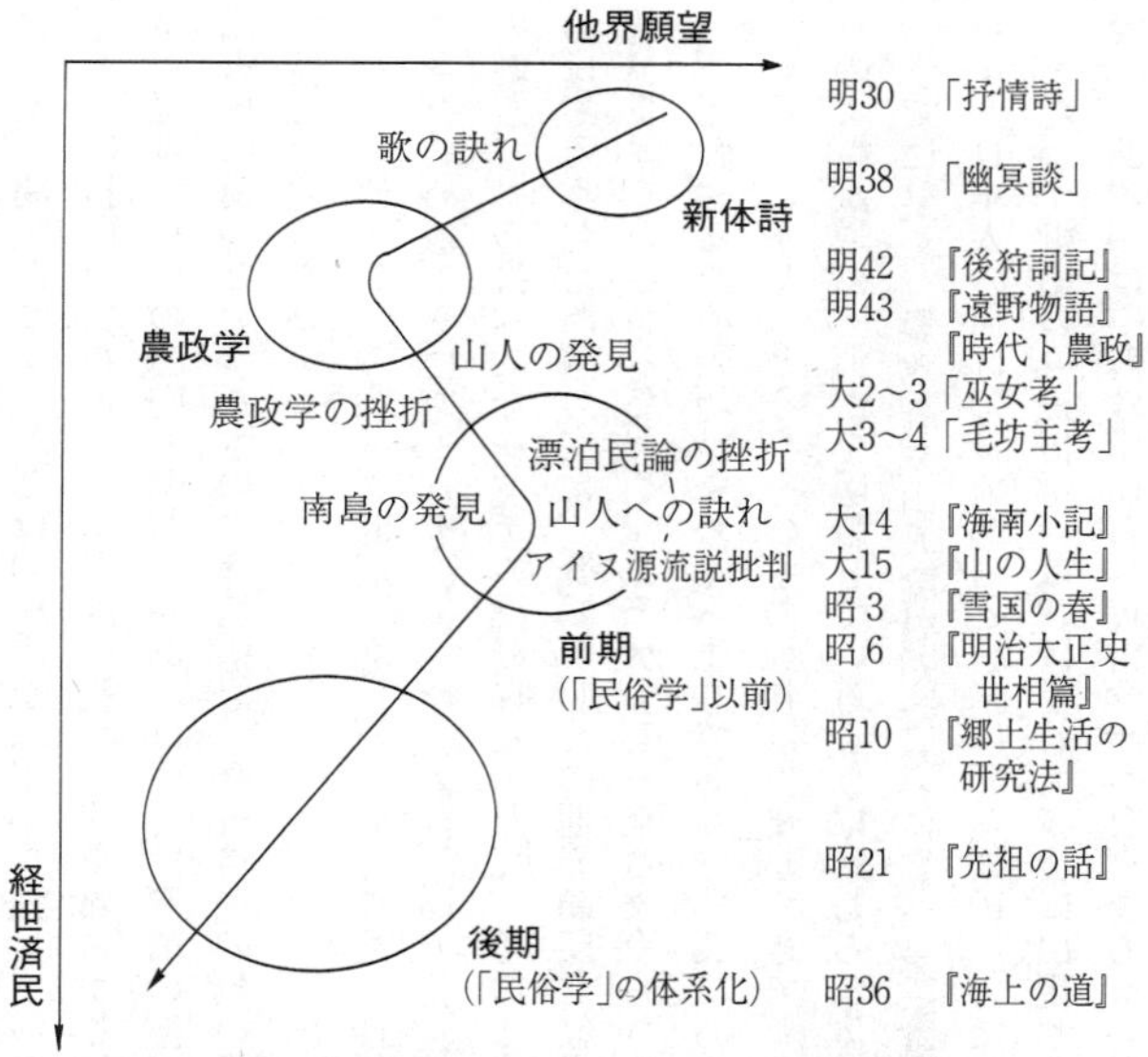

他界願望
経世済民
歌の訣れ
新体詩
農政学
山人の発見
農政学の挫折
漂泊民論の挫折
南島の発見
山人への訣れ
アイヌ源流説批判
前期
（「民俗学」以前）
後期
（「民俗学」の体系化）
明30　「抒情詩」
明38　「幽冥談」
明42　『後狩詞記』
明43　『遠野物語』
『時代ト農政』
大2～3「巫女考」
大3～4「毛坊主考」
大14　『海南小記』
大15　『山の人生』
昭3　『雪国の春』
昭6　『明治大正史 世相篇』
昭10　『郷土生活の研究法』
昭21　『先祖の話』
昭36　『海上の道』

図Ⅰ　他界願望／経世済民をめぐる柳田の思想の流れ

に、その問いがあったことは、柳田がみずから語っていたところでもある。柳田の思想の、たとえば折口信夫などとは本質的に肌触わりを異にする個性は、疑いもなく、そこに通底する経世済民への志向と関わりがあるはずだ。漂泊の徒や被差別の民にたいする関心や、山人史の構想といったものの裏側にも、経世済民の熱い思いが貼りついていたことに注意を促しておきたい。

たしかに、二つの大きな断層はあった。いくつもの挫折と訣れの光景が、多くは声もなく身を潜めるように埋もれている。が、それにもかかわらず、「転向」やら「隠蔽」やらの剝きだしの批判的なレッテル貼りにたいして、そのままには同意を与えがたい気がするのは、そうした断層の底に、資質としての他界願望と経世済民への志向とがせめぎ合う風景が覗けているからだ。それこそが柳田一流の政治的パフォーマンスであり、思想的な転向を隠蔽するための巧妙なめくらましであり、偽装である、という鋭い批判の声が聞こえてくる。しかし、どうもその手の批判は勇ましすぎて、その分胡散臭い。図式的な割り切りのよさが逆に、何かを隠蔽しているように感じられる。

すでに早く、農政論や山人論のかたわらにも、家永続の願いを語り、稲の祭りこそが我々＝日本人の信仰の核であると言挙げする柳田はいた。家と稲作にきわめて独特な執着をあらわす柳田の「民俗学」は、けっして唐突に出現したものではない。新体詩から山人論へ、あるいは、農政学から「民俗学」へと連なる、いわば二つの思想的な脈流の重なりあいを思い描きつつ全体像を俯瞰してみれば、とても了解しやすいものだ。ある時期には他界願望への傾斜が強まり、ある時期には経世済民への志向が前面に出てくる、その大きな振幅のなかに、柳田国男という思想は揺れた。挫折や転回や訣れは、確実にあった。しかし、それを政治的な「転向」や「隠蔽」と名づけることに、わたしは依然として懐疑的であることを、あらためて表明しておく。

柳田の思想の大きな流れを、初期／前期／後期という三つの段階に分かつ試みに手を染めてきた。柳田について論じる誰しもが、そのいずれかの段階に可能性の鉱脈を見いだし、それこそが柳田の思想的な本体であると語ることをつねとする。それが大方の、これまでの柳田国男論の意識されざる作法のようなものであった。実際のところ、初期／前期／後期、そのいずれの時期に柳田の思想的な可能性を認めるかによって、柳田国男像が決定的に分かたれてゆくことは否定しがたい。

わたし自身は、柳田が農政学の限界を自覚することから、しだいに、のちに「民俗学」と名づけられることになる知の文体へとゆるやかに近付いてゆく、いわば試行錯誤の段階、それゆえ前期の思想のなかに可能性を見いだしてきた。あきらかにそれは、柳田の後期思想からみれば昏《くら》がりにうち棄てられた可能性であり、可能性の周縁とでも称されるべきものだ。しかし、一人の思想家の仕事を現在において生きなおす試みのなかには、そうした可能性の中心から周縁へ／周縁から中心へと、手探りしつつ巡りあるく作業が孕まれているはずだ。

柳田の前期思想、つまり「民俗学」以前のテクスト群の底に埋もれている可能性のかけらを掘り起こすこと、それがこの小さな書物の果たすべき、ささやかな役割である。膨大なテクストの海が拡がっている。「民俗学」以前へとひたすら遡行する旅だ。同行二人《どうぎょうににん》、おぼつかぬ杖を突きながらの旅を、いまはじめたいと思う。

第一章

物語の発見

遠野盆地全景

一、『遠野物語』／要するに此書は現在の事実なり

物語の身体との出会い

『遠野《とおの》物語』は明治四十三（一九一〇）年に出版された。はるかに「民俗学」以前のことだ。『遠野物語』はそれゆえ、「民俗学」誕生の記念碑でもなく、「民俗学」の古典でもない。とはいえ、『遠野物語』が柳田の思想の軌跡のなかに占める位置は、たいへん大きなものがある。ここには豊かに、名づけえぬ「民俗学」以前の混沌が詰まっている。手垢まみれの意味に捕捉されることのない思想のかけらが、そこかしこに裸身を晒し転がっている。だからこそ、柳田のその後の思想遍歴にたいして、思いがけず『遠野物語』は巨大な影を落としているといえるのだ。民俗を盛る豊饒なる器としての物語の発見、とりあえずその影に名づけをするとすれば、そういうことだ。

全体は百十九話の、地勢の紹介・伝承・世間話や噂話・習俗や年中行事、そして昔話と鹿《しし》踊りの詞章などをめぐる、たいへん簡潔な記述から成る。それは『遠野の昔話』でもなく、『遠野の民話』でもなく、あるいは『遠野の民俗誌』でもなかった。まさに不可思議

な、かろうじて『遠野物語』と名づけておくほかない言葉の織物であった。『遠野物語』には「民俗学」的な分類以前のカオスが、錯乱状態にもひとしく渦巻き、咆哮の声を上げている。その混沌とした、物語という名の異形の身体が騒ぎ立てるざわめきこそが、このちっぽけな書物の魅力の源泉であった。

そのとき、疑いもなく物語の身体が発見されたのだ。遠野弁丸出しの、ひどく聞きづらい佐々木喜善の語りのなかに、柳田が敏感にも見いだしたものが、生き生きと躍動する物語の身体であった。物語の身体性、あるいは身体の物語性と言い換えてもよい。どちらにしても、まったく奇妙な物言いではある。しかし、それはわたしの体験に根ざした実感である。

わたしはかつて、一人の語り部のささやかな誕生に、ほんの偶然から立ち会ったことがある。その女性はそれまで、ただの一度も人前で語り部を演じたことはなかった。追いつめられた末に、その人は不意に、弾かれたように語り部へと変身を遂げた。みずからの人生の記憶、家の記憶、そして土地の記憶が豊かに宿された、しかし限りなくありふれた身体が、一瞬にして物語の器と化しながら立ち上がった。その語りのリズムは、まさに遠野という土地の匂いそのものであった。そう、それは喜善の生まれ育った里にも近い、遠野での体験である。

柳田はおそらく気付いたはずだ、喜善という東北の風土が分泌した身体に宿された物語が噴出する瞬間に、いま自身が立ち会っていることに。いや、そうではない、残念ながら柳田は気付かなかったのだ。だから、みずからの研ぎ澄まされた近代の文体をもって、迷うことなく喜善の物語りする身体をねじ伏せ、殺した。たしかに、このときの柳田は、眼の前に横たえられた物語の身体を掬《すく》いとるべき道具も、方法も持ち合わせてはいなかったし、語り／文字テクストのあわいに不断に生起してくる乖離、という問題にもまた、まるで無自覚ではあった。ただ、文体への過信だけがあった。

鏡石《きょうせき》君は話上手には非ざれども誠実なる人なり。自分も亦《また》一字一句をも加減せず感じたるまゝを書きたり。

（『遠野物語』序文）

ここに柳田の嘘を見るのはたやすい。柳田の不誠実さの証しとして、つねに槍玉に上げられてきた箇所である。しかし、わたしはむしろ、感じたるままを書いた柳田の筆に文学的な誠実さを見いだしている。逆説に聞こえるだろうか。はっきりしているのは、『遠野物語』はいまだ「民俗学」以前の産物であったということだ。可能なかぎり、聞きたるままを正確に写しとるのが民俗学的な方法の誠実さであるのにたいして、文学的な誠実さはいかに真実を描きだすか、に賭けるものだ。『遠野物語』はくりかえすが、断じて「民俗学」の古典ではない、柳田の文学作品であった。嘘や不実をあげつらう批判は、まるで的外れなものだ。

それにもかかわらず、『遠野物語』は文学的な衣裳の裏側から、十分に過剰な物語の身体を覗かせている。柳田の文体によって半殺しの目に遭いながらも、『遠野物語』に収められた小さな物語の群れは身悶え、騒ぎ立つことをやめてはいない、そう言い換えてもよい。理由はあきらかだ。ここには「民俗学」的な分類と解釈がもたらす、無意識であるがゆえに性根《しようね》が悪い暴力が及んでいないからである。これは伝説、それは昔話、あれは世間話、それは年中行事……といった具合いに、知の制度に加担する者たちだけが必要とする鋳型をはめられ、意味のラベリングの施しとともに分割されるとき、そのときこそ物語の身体が息の根を止められる瞬間である。物語の有機的な身体は破壊され、人やできごとや村の歴史をトータルに映しだす鏡であることをやめる。

そうして物語は発見された。しかし、どれほど皮肉なことではあれ、その物語は発見された歓びを噛みしめる間もなく、死滅へと追いやられてゆく宿命にあったのだ。近代という時間は物語を発見し、物語を殺した。柳田と、かれの『遠野物語』の功罪であった。柳田によって組織化された「民俗学」は、数も知れぬ伝説集・昔話集・習俗語彙集・民俗誌のたぐいを産み落とした。断言してもいいが、そのどれひとつを取っても、『遠野物語』の泡立つ混沌とした魅力にはかなわない。『遠野物語』という異形の身体の、いわば生命《いのち》を抜き取られた手や足や髪の毛といった部分でしかない。そこには生きてある全体がかけらも映しだされていないからだ。

しかも、この『遠野物語』の不思議はほとんど気付かれていない。

失われた現在の事実

『遠野物語』はたとえば、一個の偶然がもたらした事件である。小さな出会いがあった。むろん、遠野の人・佐々木喜善との出会いである。明治四十一（一九〇八）年の秋遅くのことだ。それが仮りに昭和十（一九三五）年の出会いであったとすれば、『遠野物語』の誕生はなかった。『遠野の伝説』や『遠野の昔話』はありえても、『遠野物語』だけはなかった。明治の終わり、それは東北のありふれた村や町のひとつである遠野が、やがて近代という時間に根っこから洗われ瓦解を余儀なくされてゆく、その序曲が奏でられていた時代だった。だから、『遠野物語』は複製のかなわぬ、一度かぎりの事件となった。

『遠野物語』第一二話には、こんな語り部の老人が登場する。

土淵《つちぶち》村山口に新田乙蔵と云ふ老人あり。村の人は乙爺《おとじい》といふ。今は九十に近く病みて将《まさ》に死《しな》んとす。年頃遠野郷の昔の話をよく知りて、誰かに話して聞かせ置きたしと口癖のやうに言へど、あまり臭ければ立ち寄りて聞かんとする人なし。処々《ところどころ》の館《たて》の主《ぬし》の伝記、家々の盛衰、昔より此郷《このごう》に行はれし歌の数々を始めとして、深山の伝説又は其《その》奥に住める人々の物語など、此老人最もよく知れり。

乙爺は若い頃に財産を傾け尽くし、家族も離散した果てに、世の中に思いを絶つ。数十年のあいだ、峠のうえに小屋を掛け、甘酒を駄賃の徒などの往来の人々に売って活計《たつき》としてきた。柳田は第一二話の添え書きとして、「惜しむべし、乙爺は明治四十二年の夏の始めになくなりたり」と書いた。無数の物語を詰めこんだ身体を道連れに、乙爺はこの世を去った。物語の身体がひとつ消滅していった。惜しむべし、と慨嘆した柳田の前にはしかし、まだいくらでも物語りする身体の群れは存在した。

柳田は序文のなかで、古代末期の説話集『今昔物語』を引きあいに出し、それがその時代にすでに「今は昔の話」であったのにたいして、これはまさに「目前の出来事」であると強調した。人の耳を経ること多からず、人の口と筆とを雇うこともはなはだ少ない、「要するに此書は現在の事実なり」と念を押すように語られた。いま、この同時代に生起している「目前の出来事」、つまりは「現在の事実」であること、柳田がその一点に過剰なほどの思い入れを託していたことは疑いない。一人の乙爺は死んでも、たくさんの乙爺は生きている、いまだ物語が「現在の事実」として無造作に転がっている時代であった。

近代の深まりのなかで、ことに一九六〇年代の高度経済成長期をくぐり抜け、列島の村や町は根柢からの変容を蒙ってきた。この時代にはもはや、手つかずの「現在の事実」といったものに遭遇することなどありえない。むしろ、柳田の時代にもまた、そうした「現在の事実」が生々しい野生の裸身を晒していたはずはないのだ。それは所詮、郷愁にみちた幻想であり、ひとかけらの牧歌的な「民俗学」の神話である。外部から遮断された、伝統的な時間に抱かれて生きる常民の村など、明治末年の列島のどこにだって存在したはずはない。とはいえ、柳田の時代にはやはり、それを「目前の出来事」や「現在の事実」として生きてある語り部たちの姿は、とりたてて珍しいものではなかった。そして、明治四十年代の「現在の事実」はすでに、「今は昔の話」としてしか語られえぬ時代となった、それだけが抱きしめるべきわたしたちの時代の「現在の事実」である。

死と共同体をめぐる風景

『遠野物語』には名づけえぬ「民俗学」以前の混沌《カオス》が詰まっている、そう、わたしは書いた。かつて三島由紀夫が『遠野物語』を評して、こんなふうに述べていたことを思いだす。――そういえば『遠野物語』には、無数の死がそっけなく語られている、民俗学はその発祥からして屍臭の漂う学問であった、死と共同体をぬきにして、伝承を語ることはできない、と。何度読んでも刺戟的な物言いである。

とはいえ、いくらかの留保は必要だ。『遠野物語』以後、死と共同体を孕んだ伝承がいったい、どれだけ掘り起こされてきたことか。「民俗学」はすでに、発祥のときからして屍臭の漂う学問などではなかった。『遠野物語』の死と共同体にまみれた混沌の表情は、「民俗学」以前ゆえにありえた、稀有なる忘れられた事件《できごと》ではなかったか。名づけえぬ「民俗学」以前のカオスこそが、『遠野物語』の魅力の源泉である。それにしても、三島の言葉がほとんど鋭角的に、『遠野物語』の下半身に突き刺さっていることには、驚きを新たにせざるをえない。

たとえば、『遠野物語』に語られた姥棄《うばす》て譚に眼を凝らすことにしよう。

山口、飯豊《いいで》、附馬牛《つくもうし》の字荒川東禅寺及火渡《ひわたり》、青笹の字中沢並に土淵村の字土淵に、ともにダンノハナと云ふ地名あり。その近傍に之と相対して必ず蓮台野と云ふ地あり。昔は六十を超えたる老人はすべて此蓮台野へ追ひ遣るの習ありき。老人は徒《いたずら》に死んで了《しま》ふこともならぬ故に、日中は里へ下り農作して口を糊《ぬら》したり。その為に今も山口土淵辺にては朝《あした》に野らに出づるをハカダチと云ひ、夕方野らより帰ることをハカアガリと云ふと云へり。（第一一一話）

ダンノハナは昔囚人を斬った場所と伝えられ、村はずれの丘の中腹にある。山口のダンノハナはいまは共同墓地となっている。これと集落を隔てて相対する丘のうえの、わずかな平場にデンデラ野（――蓮台野は柳田の当て字である）がある。そのデンデラ野をめぐって語り継がれてきた姥棄て譚が、ここにはごく簡潔に語られている。

昔、六十歳をこえた老人はみな、デンデラ野に遺棄される風習があった、という。それだけならば、どこの地方でも見られる姥棄ての昔話や伝説の類型である。老人はいたずらに死んでしまうわけにもゆかず、昼のあいだは里に下って農作し、夕方にはわずかな食べ物を携えてデンデラ野に帰った、という。遺棄されたあとの老人の暮らしまでが語られている。奇妙に、土臭い現実味《リアリティ》を感じさせる内容だ。が、それもじつは、姥棄て譚のなかに時折り見られるもので、とびきりの例外的な挿話というわけではない。

ダンノハナ／デンデラ野の対をなす光景になると、もはや類例を探すのはむずかしい。埋葬の地／姥棄ての地が重ねあわせに出てくる姥棄て譚はたしかにあるが、『遠野物語』のように現実の地名と固く結びついて、いわば「現在の事実」として語られた例はほかに見たことがない。しかも、人間が誰しも辿る、生き／老い／死ぬという移ろい過ぎる個の身体の時間が、地勢の起伏のうえに写像され、鮮やかに村落の宇宙観《コスモロジー》として表象されているのだ。

さらに、『遠野物語拾遺』第二六八話からは、遠野郷のいくつかのデンデラ野について、それぞれがあらかじめ定まった十幾つかの集落の共同の姥棄て場であったことが知られる。たとえば、山口のデンデラ野の場合には、そこに並べられた十三の集落は半径二キロの円周内に集中している。乾いたリアリズムの凄みが感じられてくる。実際に、何もないのっ

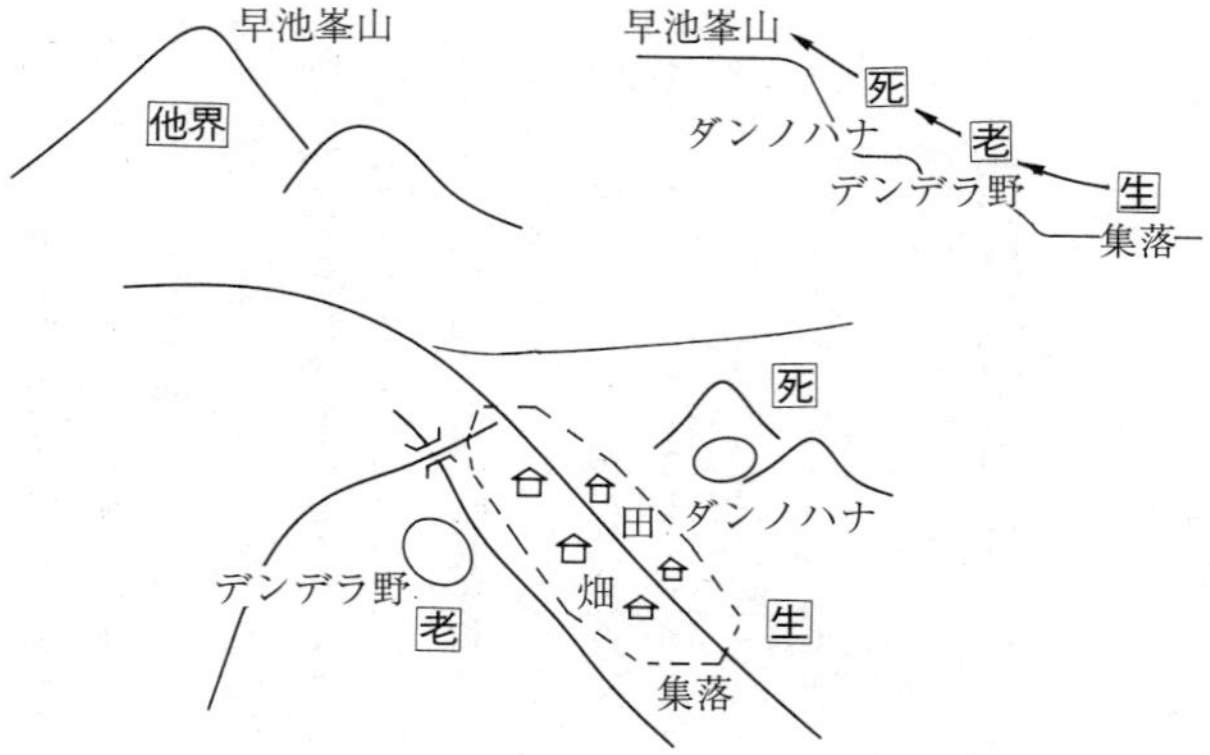

図Ⅱ　生／老／死をめぐる村落のコスモロジー

ぺりとした姥棄ての地に立ってみると、その思いは加速される。そこは山口の集落をすぐ眼の下に見降ろすことのできる、地続きの、あまりに殺風景に日常的な丘である。柳田が「親棄山」(定本第二十一巻)で論じた、母恋いや親孝行を説いた昔話である、などといった解釈を笑い飛ばすような世界が転がっている。感傷のつけ入る隙はない。

　これははたして、たんなる昔話や伝説のたぐいなのか、それとも村の隠された歴史なのか。常態《ケ》としての習俗の地平に、六十歳になった老人がみなデンデラ野に逐い放たれたといった光景を思い浮かべるのは、たしかにむずかしい。しかし、これが村に堆積する具体の歴史の一端に触れ、そこから暗いリアリティを汲みあげつつ語り継がれてきた物語であることは、おそらく否定しがたい。近世の遠野郷は、数年ごとに厳しい凶作と飢饉に見舞われてきた土地柄だった。飢饉の記憶は路傍に立つ石碑や、愛宕《あたご》神社奥の五百羅漢などによって、確実に遠野の現在《いま》に繋がっている。人口の五分の一が飢えや病いに死んでゆく飢饉のさなかに、働けぬ年老いた者らが家を離れ、デンデラ野に小屋を掛け身を寄せあうように暮らした、そんな歴史はなかったか。

いずれにせよ、遠野の姥棄て譚のなかには、死と共同体をめぐる風景がひっそりと埋もれている。それは土地の記憶を深々と宿した、いわば村の歴史語りであった。『遠野物語』と『遠野物語拾遺』には、かろうじて村の歴史語りが断片ではあれ掬いとられ、その幽かな面影を留めている。現在の遠野でも、姥棄て譚はまれに昔話として語られるが、そこからは地名その他の具体の匂いが消去されている。ほかの地方の類似の民話・伝説とあいまいに混淆を遂げながら、村の歴史語りとしての貌《かお》だけがすっぽり抜き取られているのだ。もはやそれは、ひとかけらの「現在の事実」も映しだしてはいない。

二、『一目小僧その他』／いつの代にか、神様の祭の日に人を殺す風習があった

残酷なるものへの眼差し

柳田の創りあげた「民俗学」は、思いがけず優しげな三島の物言いに反して、すでに誕生のときには屍臭を漂わせる学問ではなかった。『遠野物語』のそこかしこに裸形を顕わしていた死と共同体の主題から、無意識に身を遠ざけるその度合いに応じて、おそらく柳田の思想からは屍臭が薄れていった。それはたぶん、柳田が「民俗学」の体系化と組織化への道に足を踏みだしてゆく昭和初年には、確実にはじまっていた。柳田は「民俗学」を世間に認知させるために精力的な戦いを演じつづけ、ついには「民俗学」にたいする市民権と制度の学としての保証のいくらかを獲得してゆく。それとは引き換えにして失われていったものが、ほかならぬ思想の屍臭であった。屍臭とはいわば、思想がその貌に漂わせる凄みのごときものだ。おそらくは、近代や市民といった軟弱《やわ》な概念に亀裂を走らせる言説にたいして投げかけられた、三島に特有の賛辞であったはずだ。

「民俗学」への道行きにあって忌み物のごとくに排除されていったものが、数多くあった。たとえば、性をめぐる習俗や伝承の掘り起こし、被差別の民にかかわる探求、天皇ないし天皇制に向けての関心、といったものだ。そのどれもが深刻に、あの死と共同体にまつわる主題群に繋がっていた。生け贄をめぐる問題もまた、「民俗学」への過程に棄てられ、あるいはまさに生け贄として視野のそとに逐われたもののひとつであろうか。

人柱や人身御供ははたして、史実なのか、それとも伝承なのか。古くて新しい、だが、それと向かいあう者の思想的な場所といったものを、瞬時にして酷たらしくも露出させてしまう厄介なテーマではある。柳田の敬愛すべき同時代者、南方熊楠には「人柱の話」(大正十四年)という論考があり、そこでは人柱が歴史のなかの現実であったことが、おびただしい人類学的な例証を引きながら力説された。折口信夫の場合にもまた、『日本芸能史』(昭和三〜五年)の片隅に独特の供《く》犠《ぎ》論が説かれていることは、比較的広く知られているところだ。それでは、柳田はどうか、いったい人柱や人身御供について何を語ったのか。

わたしの頭にはいま、中沢新一の『森のバロック』の一節が浮かぶ。中沢はそこで、柳田の論考「人柱と松浦《まつら》佐用《さよ》媛《ひめ》」(昭和二年、定本第九巻)と南方の「人柱の話」を対照させながら、興味深い議論をくり広げている。南方は人柱を「神話論理」として理解することを拒み、その史実性を主張した。それにたいして、柳田は人柱譚はあくまで、伝承を生み出す「神話論理」の構造に必要な一項として、物語のなかで機能しているのであり、現実の儀礼があったか否かはたいした問題ではないと考えた、そう、中沢はいう。南方には人柱という、人間的なるものの根源に触れる「残酷の民俗学」があった、それゆえ逆に、柳田にはそれがなかった。生け贄をめぐる問題をリトマス試験紙として、南方/柳田の思想を腑分けしてみせた中沢の試みは、なかなか刺戟的なものだ。

とはいえ、ここでもいくらかの留保が必要だと感じる。先取りして言っておけば、中沢が「人柱と松浦佐用媛」を択んだことに第一の誤算があった。柳田の供犠論には大正前期から、主要なものでも幾編かあり、「人柱と松浦佐用媛」をもって代表させるわけにはゆかぬ事情があった。柳田の生け贄をめぐる思索は大きな振幅のなかに揺れており、その流れの大筋を摑んだうえでなければ、南方との比較も成り立ちにくい。

はたして柳田は、中沢のいう「残酷の民俗学」とは無縁であったのか。後期の思想、それゆえ「民俗学」のなかに、それが稀薄であったことは躊躇することなく認めよう。しかし、前期の思想のなかには確実に、「残酷の民俗学」への意識せざる志向が見られた。残酷なるものへの、柳田の眼差しのゆくえに眼を凝らさねばならない。それがまた、三島の語った、知の漂わせる屍臭という問題に触れてくることになるはずだ。

一目小僧をめぐる口碑の底に

『一目小僧その他』(定本第五巻)に収録されている、大正六(一九一七)年の論考「一目小僧」はおそらく、柳田の供犠論の流れのなかで突出した頂点をなすものだ。柳田がここで語っているのは、まさに「残酷の民俗学」そのものである。生け贄は史実か、伝説か、それははるかな昔の祭りの日におこなわれた風習であった、その名残りは数多くの口碑や祭式のなかに見いだされる、そう、柳田はくりかえし説いた。「一目小僧」の簡単な輪郭を辿ってみることにしよう。

とうとう一目小僧がこの国から退散すべき時節がやって来た。山野に拠って道ゆく人々を脅かしつづけてきた一眼一足の怪物は、やがて忘却されようとしている。柳田はいう、一目小僧の問題について特に意味が深いと思う点は、この妖怪がつねにわずかな地方的相違をもって、ほとんど日本全島にゆき渡っていることである、しかも、それは久しく農民の囲炉裏端と因縁を持っていたもので、物知りや旅の僧によって運搬されたものではない、と。

いわば一目小僧にまつわる口碑には移動や模倣の証跡がなく、しかも、よく似た例が方々に見いだされるのだから、これはもはや風習と見るよりほかにない。風習は途絶して久しく年を経れば、動機が不明になる。原因がわからず事柄のみ記憶に残れば、時代や智力にふさわしい説明が案出されるのは当然である。それでは、その忘れられた風習とは何か。ある時代まで、祭りの日に選ばれて神主となる者は、特にその役割を果たすために片眼を傷つけ潰される定めであった、そうした古い時代のできごとの記憶または痕跡、それが一目小僧の口碑となって残された。これが柳田の示した仮説の骨子である。

それにしても、何故《なにゆえ》に、祭りの中心人物である神主の眼を突き潰す必要があったのか。柳田はみずから発した問いにたいして、以下のような仮説を語った。

ずつと昔の大昔には、祭の度ごとに一人づゝの神主を殺す風習があつて、その用に宛てらるべき神主は前年度の祭の時から、籤または神託によつて定まつてをり、これを常の人と弁別せしむるために、片目だけ傷つけておいたのではないか。この神聖なる役を勤める人には、ある限りの款待と尊敬を尽し、当人もまた心が純一になつてゐる為に、能く神意宣伝の任を果し得た所から、人智が進んで殺伐な祭式を廃して後までも、わざ〳〵片目にした人でなければ神の霊智を映出し得ぬもの丶如く、見られてゐたのではないかといふのである。（傍点引用者、以下同じ）

あまりに大胆な説であるから、むしろ反証が十分にあって、打ち消されてみたいようにも思う、続けて、そう添え書きがなされてはいる。文字通りには受け取れない、逆に、柳田の自信のほうが強く感じられる。はるかな昔のことだが、祭りのたびに一人の神主を殺す風習があった、と柳田はいう。たしかに大胆な仮説である。ここで神主とは、神社という制度のなかの神主ではなく、神の依坐《よりまし》となるべき神聖な職分を指していることに注意したい。柳田が思い浮かべていたのは、専業化した神主に委ねられる以前の、頭屋《とうや》や一年神主などが輪番制で執りおこなった祭りの古層に横たわる、いわば原風景のようなものであったはずだ。

柳田がみずからの仮説の根拠としたのは、第一に片目を怪我した神の口碑である。神が降臨の折りに植物で眼を突いた、また片眼の傷ついた英雄が神に祀られたといった伝承はたいへん多い。柳田はそこに、尸童《よりまし》を神と見た古風な信仰を重ね合わせにする。そして、片眼を潰された神々の伝承は、じつはこの神の代理人である尸童の身に起こったできごとではないか、と考えた。神はとりわけ片眼の者に深い寵愛を寄せ、それゆえ、神と人との仲立ちの役割をそうした者に託する風習も起こった、そう、柳田の推理はさらに転がってゆく。

第二の根拠は、片眼の魚をめぐる口碑である。この伝承もまた数多く報告されている。柳田によれば、片眼の魚はつねに神物《しんもつ》であるが、これは神の祭りに生け贄として供えるために片眼を潰して表徴《しるし》となし、ある期間放し飼いにした慣習の痕跡である。生け贄に指定された魚をもって、たんなる神に捧げる供物の料とは見ずに、神の従属者ないし代表者のごとく崇敬していた土地もある。生け贄は柳田風にいえば、推し測りがたい神霊界の消息を知るための機関でもあった。眼を傷つけることで、生け贄はその神霊界に入ることを得た。魚とは限らず、大きな神の眷属《けんぞく》または使令と称する鳥や蛇などが、樹の枝や玉の紐で眼を突いたという話は珍しいものではない。そこに、生け贄の眼を抜いた風習の反映を見たところに、柳田の思いがけぬ独創はあった。

こうした片眼に傷を負った魚や獣にまつわる口碑と、その底に横たえられた生け贄の儀礼の光景の向こうには、むろん尸童の片眼を潰して供犠の庭に捧げた、さらに古層の神祭りの姿が結ばれなければならない。たとえば八幡の放生会《ほうじょうえ》に関して、生類を慈《いつく》しむための儀式と見なす仏教的な解釈を反転させつつ、柳田はその裏側に隠された生け贄の儀礼を炙《あぶ》りだしにしようとする。石清水《いわしみず》八幡などでは、この日の祭りの行列は喪を送る式によく似た出立ちであった。これなど、ずっと以前に魚よりも一段と重い生け贄を捧げた痕跡と見なければ、おそらく満足な説明はなしえない、そう、柳田は説いた。魚よりもいっそう重く、葬列をもって送らねばならぬ生け贄とは、当然ながら人間である、神祭りの庭に捧げものとして差しだされる尸童の人間《ひと》以外にはありえない。

いずれであれ、柳田の「一目小僧」という論考は、聖痕＝スティグマ論を軸として豊かに展開された独特の供犠論の試みであった。聖なるものをめぐる力学《ダイナミズム》の考察は、いまだ萌芽のようなものだ。進化論的な臭みといったものも、たしかに感じられる。フレイザーの『金枝篇』が直接には名指されぬままに、色濃く影を落としている。『一目小僧その他』に所収の「橋姫」に、フレイザーの名は見える。それにしても、大正六年の柳田には、中沢のいう「残酷の民俗学」への志向が貌《かお》を覗かせていた。それだけは、とりあえず了解されるはずだ。

ハイネの『流刑の神々』の影響については、すでに幾度となく指摘されてきた。たとえば、柳田はいう、いずれの民族を問わず、古い信仰が新しい信仰によって圧迫され敗退するときには、その神はみな零落して妖怪となる、妖怪とはいわば、公認されざる神であった、と。ここにはたしかに、キリスト教が世界を支配したときに魔神《デーモン》への変身を強いられた古代ゲルマンの神々という、『流刑の神々』の主題が影を射しかけている。一目小僧は本拠を離れ、系統を失った昔の小さい神の後裔であるとする柳田の認識は、まさにハイネとその『流刑の神々』とともにあった。

供犠論の揺らぎ、そして終熄へ

はるかな昔の神祭りに尸童《よりまし》を殺す風習があった、そう、「一目小僧」の柳田は説いた。人柱についてでは何が語られたか。たとえば、遠野の用水堰の人柱とされた巫女《みこ》を祀るボナリ明神については、太古の殺伐なる儀式の痕跡とも見られるといい（「農に関する土俗」大正七年、定本第二十五巻）、尾張の真清田《ますた》宮・大和の龍田《たつた》社などで、祭りの日にかぎり旅人を捉えて人のいやがる神役を当てたとされるが、かならずしも伝説ではなく、二百年ばかり前までは形式的にでも実行していたように見えると、人柱譚の史実性が暗示される（「細語の橋」大正三年、定本第九巻）。大正前期の柳田にとっては、人柱は古代におこなわれた呪的な儀礼のひとつであり、人柱譚はその痕跡であったのだ。

昭和二（一九二七）年にはなぜか、生け贄をめぐる論考が四編も書かれている。背景の詮索はしない。そのひとつが「人柱と松浦佐用媛」であるが、その二か月前に発表された「松王健児《まつおうこんでい》の物語」（ともに『妹の力』所収、定本第九巻）から取り上げてみよう。

人が横死して御霊と化したために、若宮と名づけて八幡の眷属《けんぞく》神にする風習があった。

これについて、人柱の説話が偶然に言い伝えているように、いつかある昔の世に、人を殺して御霊を作る信仰がおこなわれていたことを暗示するのではないか、と柳田はいう。別の箇所ではまた、次のように語られる。諸国の人柱譚がかつての史実であると解することは、絶対に不可能であるが、かならず何らかの根っこはあったはずだ、人柱の思想は時代とともに変化している、その変化の跡を究《きわ》めてもみずに、この慣習がかつて存在したか否かを論じる者があったのはおかしなことである、と。

微妙な変容が萌《きざ》していることは、たぶん否定できない。「人柱と松浦佐用媛」になると、重心の移行はかなり顕著に見えてくる。ここでの柳田は、もはやそれが古代の習俗であったか否かには関心がない。その代わりに、人柱の思想の変化の跡、ことに人柱の説話を語り運んだ人々にたいする関心が前面に出てくる。

たとえば、東北に広く流布した松浦佐用媛の人身御供譚などは、久しく座頭などの管掌のもとに置かれていた、という。歌舞の徒が池や沼の神の祭りに参与するとき、かつて知り持ち伝えてきた「水の神の生牲《いけにえ》の物語」を演ずるのは、自然なことだ。柳田が問うのは儀礼や習俗の位相における供犠《サクリファイス》ではない、それはただ、説話や物語の位相においてのみ問われるべき主題となった。以下の一節には、そうした柳田の場所が鮮やかである。

但し之を説いて何人も曾て怪しまなかつた事実、昔の世ならば其様《そのよう》な事もあつたらうかと信じ得た社会相の背後に、或《あるい》は国民信仰の古い世の特質が、人知れず潜んで動いて居たと迄は想像してもよからうが、其都度一人の松浦佐用媛が殺されんとし、水の神の凶悪なる角が眼前にほつきと折れたものと解することは、多くの事例を比較し得た後の、我々の常識が之を許さないのである。

国民信仰の古い時代の特質とは、たぶん、人を殺して御霊を作る信仰のようなものを指している。そうした信仰が、人柱を史実として受容しえた社会相の背後にあった可能性は認めるが、多くの事例を比較・検証してきたいま、それを史実と見なすことはできない、と柳田は説いた。「人柱と松浦佐用媛」の柳田は、生け贄という残酷なる現象《できごと》から身を遠ざけ、物語のなかの事件《できごと》という水準に供犠《サクリファイス》を封じこめようとしている、かに見える。

もはや、柳田からは残酷なるものへの眼差しが失われたのか。確実に、それは稀薄になってゆくが、まったく消失したわけではない。かすかな供犠論の系譜は、昭和十（一九三五）年頃までは辿ることができる。昭和二（一九二七）年の「目一つ五郎考」や「鹿の耳」（ともに『一目小僧その他』所収）のなかには、あの「一目小僧」に生き生きと描き出されていたサクリファイスの光景が、やや生気の失せた断片と化しながらも見え隠れしていた。「辞書解説原稿」（昭和七〜十年、定本第二十六巻）の「人柱」の項には、柳田の供犠論の終熄してゆくうしろ姿がはっきり見て取れる。これは日本においては相当に重要な、また興味ある問題のひとつである、ほかの伝説と異なる特徴は、それを現実の歴史の跡と思っている者がいまでも多いということだ、と柳田はいう。この「人柱」の最大の注目すべき点は、柳田がここで、人柱の伝承を二つのタイプに分類していることであろうか。陸中金ヶ崎のある堰にまつわる人柱譚については、誤解や誇張があるにせよ、その起こりは伝説ではなかったように感じられる、と注記が施されている。そうした史実に繋がる人柱譚と併行して、全国的に流布されてきた定型的なもうひとつの人柱の伝説があったのだ。前者の人柱譚には関心をそそられる。が、柳田自身がそれについて語る姿はもはや、二度と見ることはできない。

柳田の供犠をめぐる思索の揺らぎを孕んだ軌跡を辿ってきた。「人柱と松浦佐用媛」をもって柳田の供犠論を代表させることが、公平な選択ではなかったことは明白であろう。たとえば、大正六（一九一七）年の「一目小僧」と南方の「人柱の話」が並べて論じられていれば、まったく別の結論が導かれたのではなかったか。言うまでもなく、刈りこまれ整序された「民俗学」のなかには、儀礼や習俗としての生け贄をめぐる問題群が入りこむ余地はなかった。ただ、伝説や昔話の取るに足らぬ下位分類のひとつという座を与えられた。

その意味では、「人柱の話」の南方の思想的な対極に位置を占める柳田国男というイメージは、後期思想つまり「民俗学」にたいしてこそ投げかけられるべきものだ、と思う。

むろんそれは、「残酷の民俗学」からはるかに遠く牧歌的な、予定調和の安らぎに浸された世界であった。そうして屍臭は抜き取られた。三島由紀夫が「民俗学」の現在から屍臭を嗅ぎ取っていたはずはない。

三、『史料としての伝説』／北海の霧が寒暖二種の潮流の遭遇から生ずるやうに

霧状の物語を運ぶ人たち

この列島には都鄙を問わず、じつに多種多様な、それでいて似たり寄ったりの貌をした伝説や昔話が広く分布している。その背景には、いったいどんな理由なり事情なりが潜んでいるのか。柳田がそこから抽《ひ》きだした仮説は、たぶん二つあった。全国レヴェルの採集と研究の深まりにつれて、そうした伝承の多くが細部に異伝《ヴァリアント》を含みながらも、北は東北の津軽・下北から南は沖縄の島々にいたるまで、ほぼ大同小異の内容をもって語り継がれていることがあきらかになる。柳田はそこに、列島の北と南とを繋ぐ種族＝文化的な強い絆を見いだし、「日本人」という単一民族幻想を紡ぎだしてゆく根拠のひとつとした。同一の伝承を共有する地域的な拡がりが、「日本人」の版図に重ねられた。これが柳田の抱

いた第一の仮説である。

第二の仮説は、それらの伝説や昔話の伝播・流通という問題にかかわる。柳田はそれぞれの説話の背後には、それを列島の各地に運び伝えた語り部の集団が隠れているものと想像した。多くは職能民に括られる、非農業的な生業《なりわい》にしたがう漂泊の民の群れである。定住農耕の村々のはざまを棲《す》み処《か》とし、移動と遍歴をつねとしながら、かれらはそれぞれの職能に根ざした物語を常民たちに広めあるいた。物語と漂泊する人々との繋がりをあきらかにしようとした仕事が、ことに前期の柳田には数多く見られる。

たとえば、炭焼長者譚などは、仮説の第一と第二とを結ぶ格好の素材であったはずだ。心の素直な貧しい炭焼きが、女房の福分にあやかって長者になったという筋立てであるが、これは北の津軽から、南の沖縄は宮古島まで広範な分布を示す伝説であった。『海南小記』に収められた「炭焼小五郎が事」（大正十四年、定本第一巻）のなかで、柳田は軽やかに想像力《イマジネーション》を飛ばしながら、この炭焼長者譚について詳しく論じている。

豊後（大分）は古くからの炭焼きの本国である、炭焼長者譚はその豊後に起こり、宇佐の火の神の信仰とともに各地に広められた、と柳田はいう。それを運搬したのは、金屋《かなや》と呼ばれた鋳物師《いもじ》や鍛冶屋たちであり、かれらは鍛冶の技術と金屋神の信仰と古い伝承を携えながら、久しく諸国を漂泊していた職能集団であった。金属の精錬にはたくさんの良質な炭が必要とされ、金屋は副業としてみずから炭焼きにしたがった。この鍛冶と炭焼きを業《わざ》とした漂泊の民が炭焼長者譚の運搬者ではなかったか、それが柳田の推理である。しかも、その異伝は宮古島にも伝わっていた。柳田はそこに、本土《ヤマト》／沖縄を繋ぐ火の神の信仰という共通の文化基盤を見いだしたのである。

あるいは、椀貸《わんかし》伝説についての柳田の論考もまた魅力的なものだ。これは池や淵、塚、山蔭の洞穴などで、頼めば膳や椀を貸してくれたという伝説であり、しばしば隠れ里の話と結びついている。柳田は「隠れ里」(『一目小僧その他』所収、大正七年、定本第五巻)のなかで、この椀貸伝説と木地屋《きじや》との秘められた関係について、たいへん刺戟的《スリリング》に解き明かしてみせた。

椀貸の淵や塚の背後には、たいてい富貴自在のユートピアである隠れ里や龍宮が潜んでいる。柳田によれば、平家の落人の裔《すえ》を称する山間の村々は、そうした隠れ里が発展したものだ。平家谷の伝承を全国に運んだのは誰か。柳田はそこに、椀貸伝説との隠された交渉、いわば共通する伝説の運び手たちの影を見た。椀貸伝説がわずかな例外を除いて、隠れ里から膳や椀などの木地の塗り物を借りる筋立てになっているのは、なぜか。ここに唐突に、木地屋がその姿を顕わす。山から山へと木地の材をもとめて移動と遍歴をくりかえす、「飛び」をつねとする木地屋こそが、椀貸伝説を各地に広めあるいた人々ではなかったか、柳田はそう推理を巡らした。それを平家伝説にまで拡張するのは、いささか強引にすぎる。

「隠れ里」はじつは、二つの異なる民族が接触を忌避しながら交換をおこなう、いわゆる沈黙交易の一種として、椀貸伝説を読み解こうとする立場に向けての反論をモチーフに書かれた。椀貸伝説の背後には、アイヌその他の異族の人々の影を認めることはできない、だから、これは沈黙交易とは解釈できない、と柳田は論じた。しかし、「隠れ里」一編は逆に、椀貸伝説という物語の底に、「鬼市《きし》もしくは黙市《もくし》と称する土俗の記憶」が豊かに埋もれていることをこそ暗示している。異族が山人やアイヌの人々である必要はない。平地の農耕民と、山棲みの移動をつねとする木地屋とのあいだの沈黙交易、その幽かな記憶が、たとえば椀貸伝説として語り継がれてきたのかもしれない、そう思う。

伝説とその運搬者をめぐる柳田の推理と仮説を支えていたのは、漂泊／定住の二元的な構図をもって日本人の精神史を解読しようとする、野心に満ちた欲望であった。その意味では、これもまた、柳田の「民俗学」以前の仕事のひとつと考えられる。柳田は「史料としての伝説」（大正十四年、定本第四巻）のなかで、こんな暗示に富んだ呟きを洩らしている、すなわち、伝説はあたかも北海の霧が寒暖二種の潮流の遭遇から生ずるように、文化の水準を異にした二つの部曲の、あらたなる接触面に沿って現われやすい、と。炭焼長者譚も椀貸伝説もむろん、そうした二つの潮流の接触面にたちのぼった霧状の物語であったはずだ。

史料としての伝説の発見

柳田は生涯にわたり、ついに「民俗学者」ではなかった、とわたしは書いた。仮りに柳田の思想／「民俗学」を根柢から分かつ指標があるとすれば、そのひとつは疑いもなく歴史への態度であった。「民俗学」には稀薄で、柳田には濃密であったもの、それが歴史に向けての熱い関心である。民俗学を基礎にしたあらたな歴史学、いわば常民史学への志向を、柳田は晩年にいたるまで幾度となく語った。が、柳田以後の「民俗学」はその組織者の意には反して、ひたすら民俗の収集・整理・記述を旨とする民俗誌的な傾向を強めてきたかに見える。責任の大半はしかも、柳田自身にある。柳田の歴史を腑分けする手捌《てさば》きは方法化を拒む、どこか技芸《アート》にも似た代物であったからだ。

すでに触れた「史料としての伝説」は、木地屋をめぐる多様な伝説を素材として、その国内移動の消息をあきらかにしようとした野心的な論考である。文献実証主義に凝り固まった歴史学にたいする批判の意志と、伝説の史料的な価値を復権させようとする欲望とが渾然一体となり、そこに思いがけず異相の歴史風景が拓かれている。史料としての伝説、それは復権であるよりはむしろ、柳田のこの論考によって初めて発見されたものだと言うべきだろうか。

柳田にはすでに早く、明治四十四（一九一一）年に「木地屋物語」（定本第二十七巻）があり、木地屋にたいする関心は持続的なものであった。柳田の書誌目録のなかに、「物語」をタイトルに含む論考・著作は、これと『遠野物語』だけである。思い入れには深いものがあった。「史料としての伝説」は柳田の木地屋論の終章をなす。

柳田によれば、木地屋は山中の樹を伐り、轆轤《ろくろ》をもって椀類の木地を作る工人である。かれらの根拠地とされたのは近江の蛭谷《ひるだに》と君《きみ》ヶ畑《はた》であり、小椋《おぐら》を苗字とする者が多かった。起源はひとつであったが、信仰と伝説とはかならずしも統一されていなかった。木地屋の携えていた伝説にはつねに定まった型があり、その中心には不遇の皇族・小野宮惟喬親王《これたかしんのう》がいた。蛭谷と君ヶ畑によって、各地の木地屋の掌握と支配のための氏子《うじこ》狩《がり》と称される巡回がなされ、それをつうじて惟喬親王をめぐる「皇子流寓譚《おうじりゅうぐうたん》」が全国の木地屋のあいだに広められた。

皇位継承の争いに敗れ、都を去って近江に隠棲した惟喬親王が、その地の人々に木地の技術を授けた、木地屋たちは以来、惟喬親王を祖神として祀るようになった、と語られる。職人由緒書の多くが、定型的に物語りする天皇や皇族にまつわる伝承のひとつである。折口信夫のいう貴種流離譚《きしゅりゅうりたん》であり、柳田は折口を強く意識しながら、それを「皇子流寓譚」「王孫流寓の伝説」「皇子潜幸の物語」などと呼んだ。折口の貴種流離譚／柳田の皇子流寓譚、前者がもっぱら古代文学からの発想であったのにたいして、柳田のそれは主として、民間伝承《フォークロア》を素材に採りながらの発想であった。折口／柳田の方法的な個性の差異が、そこには鮮やかに覗けている。

惟喬親王伝説はたしかに、明白な虚構ではないにせよ、いくつもの矛盾や誤解を含む拙劣な近世の仮託であったかもしれない。しかし、それと伝説の史料としての価値とはまるで別の問題である。この伝説はまず、木地屋の諸国への移住の歴史の一端に気付かせてくれる。さらに、柳田は続けて以下のように述べている。

況《いわん》やこれだけの熱心これだけの結構を以て、皇子潜幸の物語を、一族の祭神に附会しなければならなかつた理由、その皇子を惟喬親王となさねばならなかつた必要等は、幸ひにして之を明かにし得たならば、必ず更に進んで一般的に、国内各地の信仰生活の特質、又はこれに与る人々の性情習癖と、なほ其原動力となつた天然の理法、即ち名づけて民族の運命とも謂ふべきものを、見出し得ることになるかも知れぬ。問題の側から言ふならば、我々が往々にして逢着する疑ひ、例へばどうして日本には国々に平家谷の伝説が多いのか。又は何故に天皇・諸皇子は、しばしば田舎の山奥に御隠れなされたやうに伝へられたまふかの如き、これまで史学者が知らぬと答へて竊かに恥ぢて居た多くの社会現象が、やゝ分明して来る上に、やがては又我々の世の中の観やうを改良せしめてくれるのである。

柳田のモチーフはたいへん鮮明であり、説明の必要はあるまい。柳田は別の箇所では、「人間生活の大なる半分、即ち思想と感情との二千年の変化」と語っていた。それをたとえば、日本人の精神史と名づけることは可能だろうか。伝説のほんの小部分を史実としてそのまま採録し、ほかの大部分は排斥することをつねとしてきた歴史家も、空想の領分で弄ぶばかりの鑑賞者もどちらも、伝説に宿された年代や群衆の微妙な力を無視し、史料としての価値を知らぬ点では同罪である。かれらには日本人の精神史を読みほどくことはできない、その試みをいま開始しようとしているのが我々である、そう、宣言《マニフェスト》を書きつけたうえで、柳田は木地屋の伝説／歴史の結ぼれをほどく作業に取りかかる。そして、「史料としての伝説」一編は書かれた。

常民の歴史学への道行き

日本の歴史学が、こうした木地屋をはじめとする職人由緒書をまともな史料として取り上げるようになるには、それから半世紀あまりの時間が必要であった。「史料としての伝説」の先駆性は疑うことができない。伝説のなかには豊かな歴史が眠り惚《ほう》けている、それを掘り起こすべき方法を知らないばかりに、史料としての価値は埋もれたままに失われようとしている、それを保存し研究するための方法を学ばなければならないのだ、それが「史料としての伝説」が発する唯一のメッセージであった。

この文献史学に向けての批判と、伝説＝史料に拠りながらのあらたな歴史学の試みは、大正期に芽生え、その後もさまざまに変奏されてゆくことになる。人柱譚を論じた「松王健児の物語」（昭和二年）にはすでに触れたが、その冒頭にも、以下のような物語／歴史をめぐる方法的な立場が語られている。

歴史家のなかにも、史実としての真偽を判別すべき素材としてのみ説話を考えている人がいる。しかし、史実として真なる説話などはどこにも存在しない、説話の内容はつねに史実ではないのだ。柳田はいう、口碑それぞれの内容は、たんに比較の目安として役立つにすぎない、説話とは存在そのものが厳然たる一個の史実であり、その差異を帯びた類型が各地に分布することが、有力な第二の史料である。記録証文を持たない「平の日本人」つまり常民の過去を知るためには、かれらの語り継いでいる、複雑にして特徴の多い説話のたぐいを史料に供することが必要なのだ。人柱をめぐる伝説の底に埋もれた日本人の精神史の一隅に、そうして光が射しかけられた。

歴史という概念それ自体の変更が迫られている。歴史学はそもそも常民の学ではなかったのだ。用途は主として政治にあり、社会の上層にある人々だけがこれを利用した。文字史料だけを唯一の手掛かりとして析出される、固有名詞と年号をまとった大きな歴史からは、「目に一丁字《いっていじ》なき」常民の歴史はすっぽり抜け落ちている。むしろ、そんな固有名詞とも年号とも無縁な小さな歴史などは、歴史ですらなかった。

批判はいくらでも可能だ。この列島の常民のなかには、柳田が想像していた以上に、いや、それよりもはるかに深く文字とそれを駆使する技術が浸透していた。「目に一丁字なき」は言わずと知れた、柳田のテクストに頻出する形容語であるが、近世の常民の現実はそれを裏切るものであった。常民は文字を知っていた。が、それにしても、常民の歴史学への志向はやはり、柳田の思想のもっとも際立った個性のひとつではあった。

わたしの批判はまるで別の側面にある。柳田の常民史学について、わたしは先に日本人の精神史と名づけておいた。ある批判をこめての命名であった。その批判は、柳田が歴史を論じる際の方法的な前提にたいして向けられている。

柳田によれば、歴史は縦に長い細引きのようなものではない。それは歴史について思いを巡らす者が属している時代が、その人に切って与えたひとつの横断面である。その横断面に頭を出している史実、つまり過去にあったらしき事実の痕跡は、移ろいゆく過程のそれぞれの段階を暗示しているのだ。『国史と民俗学』に収められた「郷土研究と郷土教育」(昭和八年、定本第二十四巻)には、以下のような一節がある。

殊《こと》に日本はこの横断面の、最も錯雑した国であつた。山嶺の区劃があり、多数の小さな盆地の孤立があつた。さうしてその区々の文化は、今までは多く他の振合ひを見ずに展開し、従つて甲乙丙丁の間に、種々なる変化と偶然の一致とがあり、互ひに遠く隔絶した土地の多くの一致は、概して其《その》根原の年久しいことを思はしめる。それよりも尚著しい我邦の特徴は島の分立であつた。現在人の住んで居る島は四百以上、北は蝦夷の海の利尻礼文から、南は八丈の向ふに在る青ヶ島、更に琉球列島の果の波照間や与那国島に至るまで、何《いず》れも元は一つであつた民族が村を為し、個々の改定の幾つかを加へつゝ、同じ一つの国語を話して居る。其間に於て観察せられ又実験せられる所の現在の事実、それの比較と綜合とが、端的に我々に告げ知らせることは無数であつた。

柳田の常民史学のけっして問われることのない前提が、ここには露出している。山嶺の区劃・盆地の孤立・島の分立という列島の地勢的な条件の帰結として、たしかに歴史の横断面はきわめて錯綜している。それにもかかわらず、遠く隔絶した交渉のない土地において多くの一致が見いだされる。それは根源の年久しいことを思わせ、「元は一つであった民族」がそれぞれの時代に分岐し、それぞれの土地に村立てしつつ偏差《ズレ》を孕んだ文化を産んでいったことを想像させる、そう、柳田は説いた。

横断面の多様な顕われは、民族という根源を共有しながらの歴史的な分岐と変容の所産として、眼前に投げだされた「現在の事実」である。だからこそ、その比較と綜合から、常民の現在《いま》に宿された「日本人の生活、殊にこの民族の一団としての過去の経歴」（同上）はあきらかになる。柳田の常民史学はそうして、「日本人」の精神史に向けての道行きとなった。「思想と感情との二千年の変化」とも語られた。二千年の歴史、すなわちそれは、稲を携えてこの列島に渡ってきた民族＝「日本人」の固有の時間であった。

柳田の歴史からは、あらかじめ文化的な交配と雑種の可能性が排除されている。根源は年久しく、元はひとつであったのだ。常民それゆえ「日本人」の精神史は、予定調和の眼差しのもとに、いわば方法的に純粋培養されながら抽出されることになる。そうした歴史への志向は確実に、いわゆる「一国民俗学」という閉ざされた知の文体と表裏一体に繋がりながら、柳田の思想的な可能性それ自体をみずから潰してゆく結果をもたらした。「一国民俗学」はしばしば、「比較民俗学」（＝民族学）と対立しつつ／補完しあうものとして語られる。「一国民俗学」をやがて訪れる「比較民俗学」への前段階と見なす根っこのない了解が、柳田自身によっても、柳田以後の「民俗学者」によっても飽きることなく振り撒かれてきた。それはしかし、所詮は見果てぬ夢だ。あらかじめ放棄されていることを隠蔽しながらの夢語りは、いい加減やめておいたほうがいい。

昭和二十四、五年におこなわれた二つの折口との対談「日本人の神と霊魂の観念そのほか」と「民俗学から民族学へ」（ともに『民俗学について　第二柳田国男対談集』所収）を丹念に読めば、あまりにあきらかなことだ。民族学《エスノロジー》との協力の必要性を説き、「一国文化の中にも、エスノロジカル・フォークロアとでもいうべき形がある」と語った折口のかたらには、「二つのミンゾク学は末は一つになってしまうことが私たちの夢であるが、今のまんまではそれがいつ到達しようか」と慨嘆してみせる柳田がいた。意識せざる、あるいは半ばは意識しながらの虚偽に彩られた夢語りではなかったか。

柳田の後期思想つまり「民俗学」には、外に向けて開かれてゆく方法的な契機が見当たらない。すでに昭和初年よりこの方、列島の文化的な交配と雑種の可能性をひとつひとつ根絶やしに逐いやらってきた柳田には、「日本人」のなかのエスノロジカル・フォークロア（内なる異種族＝文化）といった発想それ自体が、はじめから不可能なことであった。稲と祖霊信仰にまみれた「日本人」という前提を壊すことなしに、「比較民俗学」への道行きなどあろうはずがない。うち棄てられた前期のテクスト群こそが、その不可能であることを呪詛めいた呟きの声とともに証言しつづけている、とわたしは思う。

第二章

山の力、そして畏怖

宮崎県椎葉村全景

一、『後狩詞記』／山に居れば斯くまでも今に遠いものであらうか

時間的な異界としての山

山からの遠い呼び声に一心に耳を傾ける柳田がいた。そのとき、山ははるかな異界であった。山には狩猟や焼畑によって暮らしを立てる山の民がいて、山の神を祀り、平地とはまるで異なる習俗や伝承が豊かに生きられている、さらに山奥の闇に包まれたあたりには、列島の先住異族の末裔である山人《やまびと》の漂泊の影が射している……。そうして空間的に見いだされた異界は同時に、いや、それ以上に時間的な深さに浸された異界でもあった。

山に居れば斯《か》くまでも今に遠いものであらうか。思ふに古今は直立する一の棒では無くて。山地に向けて之を横に寝かしたやうなのが我国のさまである。

『後狩詞記《のちのかりことばのき》』（定本第二十七巻）の序文の一節である。よく知られ、しばしば引用もなされる箇所ではあるが、とても了解するのがむずかしい。明らかなのはただ、ここでは山が

時間的な異界として発見されているということだ。山／平地という空間的な対立の構図のうえに、古／今の時間の棒がだらりと横たえられる。山には堰《せ》き止められたように古い時間の層が、いわば平地の村では失われた古代や中世が分厚く堆積している。こうした山を時間的な異界として眺めやる視線は、後期の柳田のなかにも確実に跡を留めている。たとえば「山に残つて居るものは、残つて居る日本であつた」と書いたのは、昭和二十三（一九四八）年、晩年にさしかかろうとしていた「山の休日」（定本第三十一巻）の柳田であった。

とはいえ、山という場所《トポス》を豊饒なる想像力の培養器として、みずからの思想を鍛えあげてゆこうと試行錯誤をくりかえしたのは、やはり明治末年から大正期にかけての、それゆえ前期における柳田であったはずだ。思想の場所としての海が、あきらかな姿を浮上させてくるのははるかに遅れて、おそらく沖縄への旅の前後である。大正十（一九二一）年の柳田を待たなければならない。

明治四十一（一九〇八）年七月、柳田は九州の旅の途次に、宮崎県椎葉《しいば》村《そん》まで足を伸ばした。平家の隠れ里として知られるその村では、昔ながらの焼畑《コバ》と猪《シシ》狩りを主たる生業とする暮らしが営まれていた。一週間ほど滞在した柳田は、山の民の習俗や信仰の生々しい実態に触れ、珍しい狩りの故実の話を聞いた。猟師がオコゼ魚を祀ること、あるいは、山神祭文猟直しの法とよばれる呪言を知った。翌年には、その折りの聞き書きと秘伝書「狩之巻」などを合わせ、『後狩詞記』として出版した。

柳田はその序文に次のように書いた。――ここに『後狩詞記』の名をもって公けにしようとするのは、鉄砲で猪を追いかける平民的な狩りをめぐる話である。しかしながら、この書物の価値がそのためにすこしでも低くなるとは信じられぬ仔細は、ここに列挙する猪狩りの慣習がまさに、現実に当代におこなわれており、また、自動車や無線電信の文明と併行して、日本国の一地角に規則正しく発生する社会現象であるからだ。しかも、この一編に収めた記事はみな、椎葉村の村長から口や筆によって直接に伝えられたものである。歴史としてはもっとも新しく、紀行としてはもっとも古めかしいこの小冊子は、自分以外の世の中の人にとっても、随分風変わりな珍書と言ってよいだろう、と。

既視感に襲われるほどに、この序文の一節は、翌年に公刊された『遠野物語』のやはり序文に似ている。むろん、書かれた順序としてはこちらが先だ。それはよい。椎葉への旅と遠野の人・佐々木喜善との出会い、この二つの体験が柳田に与えた驚きの質があまりに似通ったものであることに、ここでは注目したい。

『後狩詞記』が習俗の記録であるのにたいして、『遠野物語』は伝説や昔話の聞き書きである。その違いにもかかわらず、それがともに「現在の事実」「目前の出来事」であること、そして、その「現在の事実」を土地の暮らしの内側からじかに取材し記録したものであることが、とりわけ強調されている。『後狩詞記』/『遠野物語』、この二つの書はとても深い場所で響き合っている。柳田が受けた衝撃はいずれであれ、南と北の山村において、古来よりの習俗や伝承が近代のかたわらに併存し、何よりも現在という時間のなかに生きられてあることの発見がもたらしたものだ。郷愁ではない、「現在の事実」への執拗なこだわり、それが柳田の個性であった。

山の神という問題との出会い

『後狩詞記』序文の末尾には、不意に山の神がその姿を顕わす。狩りの慣習と作法が山中の公けであるのにたいして、「狩之巻」一巻は秘伝の書である。それをあえて出版するのは、山の神の威武を犯してする大胆な決断ではあるが、畏れるには及ばない、「狩之巻」はもはや歴史になっているからだ。そして、柳田は書いた、「実の所私はまだ山の神とは如何なる神であるかを知らないのである。誰か読者の中に之をよく説明して下さる人は無いか」と。山の神との出会いの瞬間《とき》であった。

山の神とは何か。『後狩詞記』の柳田は、山の神という問題のほんの一端にはじめて触れた。むろん、この、山の神とは何か——という問いが抱えこんだ、思いがけぬ深さと拡がりにはいまだ気付いていない。山の神をめぐる柳田の思索の軌跡は、大きな揺れと蛇行をくりかえしながらも、やがてある知の構図のなかに収斂されてゆく。田の神／山の神の春秋における循環、という図式である。

それでは、『後狩詞記』では山の神はいかなる姿で発見されたのか。その後の山の神論のゆくえを占う意味でも、なかなか興味深い問題である。「狩之巻」に収められた呪法や唱え詞のなかには、山の神の名が随所に登場してくる。山神祭文猟直しの法で唱えられるのは、大摩・小摩という二人の猟師と山の神との交渉の物語である。山の神のお産と穢れのタブーが主題化されたものだ。こうした山の神祭文には、のちに柳田は幾度となく遭遇することになる。猟師がオコゼという鯱《しゃち》に似た細魚を大事にする不思議にも出会った。海漁には山オコゼ、山猟には海オコゼを祀るのが効験多し、という。山の神とオコゼにまつわる問題もまた、持続的な関心となる。

『後狩詞記』にはじつは、二つの貌を持った山の神が姿を見せている。

①アゲヤマ　上山。焼畑に伐るとき誤りて樹上より墜落し悲惨の死を遂ぐる者あり。上げ山と称するは。此《この》山の一部分を爾後焼畑にせざる旨を山の神に誓ひて立て残しある箇所なり。

②ヤタテ　矢立。又矢鉾ともいふ。猪を猟獲し分配の後。三度発砲して山の神に献ずるを云ふ。

③コウザキ　猪の心臓を云ふ。解剖し了《おわ》りたるときは。紙に猪の血液を塗りて之を旗と為し。コウザキの尖端を切り共に山の神に献ず。コウザキはコウザキ殿と云ひ。又山

の神をもコウザキ殿と云ふ。

①のアゲヤマに祀られるのが、焼畑農耕にかかわる山の神であるのにたいして、②や③に見えるのは狩猟の民が祀る山の神である。③の猪の心臓を指すコウザキの例はたいへん面白い。射止めた猪を解体すると、その血を紙に塗って旗（御幣）とし、猪の心臓の尖端を切ってともに山の神に供えるという。心臓には猪の魂が宿るといった信仰が存在したのだろうか。獲物である猪の心臓とそれを供えられる山の神が、ともにコウザキ殿と呼ばれている。山の神と赤色との濃密な関わりは、あるいはこうした狩猟儀礼のなかから生じてきたのだろうか。ともあれ、コウザキ殿は狩猟にかかわる山の神であった。

いまひとつ、『遠野物語』のなかで発見された山の神のやや異質な貌があった。そこには数多くの山の神との遭遇譚が語られているが、そのイメージは例外なしに、赤い顔と輝く眼をした大男というものである。山の神には出会いやすい場所があり、山の神が出て遊ぶと伝えられる、たとえば小正月の晩のような特別な時間があった。山の神に出会った者にはきまって祟りがあり、病いや死がもたらされる。あるいは逆に、山の神が里の娘や木《こ》挽《びき》の男に占いの術を授けるといった話もあった。『遠野物語拾遺』からは、山の神とお産の関わりが深いこと、山の神の年取りの行事が詰《つめ》（十二月）の十二日にあり、この日は里人は山に入るのを禁じられていること、などが知られる。

これらの『遠野物語』に見える山の神は、『後狩詞記』の焼畑や狩猟にかかわる山の神とはどこか異なった雰囲気を帯びている。遠野が椎葉よりは平地に近いという地勢的な条件によるのか、あるいは東北／九州という文化的な遠隔性が影を落としているのか、判断はむずかしい。それにしても、『後狩詞記』／『遠野物語』に登場する山の神が、田の神／山の神の循環なる図式とは無縁であったことはたやすく確認される。田の神は『遠野物語』と『遠野物語拾遺』にはわずかに二例、石塔に刻まれた文字と年取りの行事にその名が見えているきりだ。『後狩詞記』には田の神の姿はまったく見いだされない。

境の向こう側、異族の神々

明治四十三（一九一〇）年に刊行された『石神問答』（定本第十二巻）には、次のように山の神について語った箇所がある。すなわち、猟師や木樵などが山に入るときにかならず祀る神である、多くは除地もなく、岩や古木のうえなどに置かれた小さな祠であるが、地方によっては一村の氏神ともしている、と。いくつかの史料から、山の神の記述が拾われている。そうした文献史料の参照のうえであろうか、「山民の生活」（明治四十二年、定本第四巻）の末尾近くに、以下のような興味深い仮説が書き留められている。

山ノ神は今日でも猟夫が猟に入り木樵《きこり》が伐木に入り石工が新に山道を開く際に必ず先づ

祭る神で、村に由つては其《その》持山内に数十の祠がある。思ふに此《これ》は山口の神であつて、祖先の日本人が自分の占有する土地と未だ占有せぬ土地との境に立てゝ祀つたものでありませう。……山の神は人の形をして丈高く色赭《あか》く眼の恐ろしく耀いて居る神で、折々山中で之に逢つた者があると云ふ口碑は今も各地方に存して居ります。

後半はあきらかに、佐々木喜善からの聞き書きに拠る遠野の山の神の口碑である。柳田はその前半部では、山の神は山口の神、つまり山と平地の境界に祀られる神であると語っている。そして、その原初的な姿は、稲作を携えて列島に渡来した祖先の日本人によって、みずからの占有する土地／いまだ占有せぬ土地の境に立てて祀られた神であろう、という。ここに示された仮説は、思いがけず鋭利な角度をもって、山の神という問題の根っこに突き刺さっている気がする。

サイの神・荒神については、日本人の植民地と蕃界との中間に立てられた一種の標識としつつ、それらの神々は先方に帰属していたために、その名称からも伝説からも由来を説明することが困難なのではなかろうか、と推理が下される。おそらくは、山の神も同様に、境の向こう側に居を占める人々に帰属する神と見なされていたにちがいない。

柳田はいわば、サイの神や荒神などとともに、起源が古く、かつ由緒のあきらかでない神々のひとつである山の神に関して、その出自を異族の祀る神にもとめたのである。異族とは稲の民＝「日本人」の渡来以前の先住民を指している。稲作以前に、この列島に居をさだめた人々が祀っていた神という山の神のイメージは、なかなか魅力的なものだ。しかし、柳田が「山民の生活」以後、こうした視座に向けて山の神という問題を拓《ひら》いていった形跡はない。残念ながら、思いつきのごとくに書き留められた仮説以上のものではなかった、ということだ。

明治四十三（一九一〇）年から翌年にかけて、「山神とヲコゼ」（定本第四巻）という短い論考が書かれている。オコゼをもって山の神を祀る風習に、柳田は関心を惹かれた。椎葉の旅がその関心の発端であった。それは列島の東と西に共通して見られる、いささか奇怪な習俗であった。柳田と南方との書簡のやり取りが、このオコゼと山の神をめぐる問題からはじまったことはよく知られている。

「山神とヲコゼ」のなかで、柳田はこんな推論を述べている。この魚の異称に、ミコイヲ（筑前）・キミヲコゼ（土佐）といったものがあるが、キミは田舎で昔巫女を尊敬して呼んだ言葉である。巫女が深山で神を祀ったらしい形跡は、地名にも伝説にもたくさんあり、十分な証拠はないが、オコゼは巫女の手にしたTotem（霊代《たましろ》）の一種ではないか、と柳田はいう。山の神の祭りにはたして巫女の関与はあったか。その真偽は措くとしても、オコゼがある種のトーテム的な役割を担っていたことは、とりあえず想像される。すくなくとも、そこには「巫の祭祀又は信仰」との密接な関わりは存在した。しかも、海漁には山オコゼ、山猟には海オコゼを祀るという習俗のありようが、海の民／山の民の見えにくい交通の歴史を暗示していることは、十分に記憶に留められてよいことだ。

揺らぎのなかの山の神像

山の神と田の神とが春秋の二度、山と里のあいだを去来するという信仰が広く分布することに、やがて柳田は気付く。大正三（一九一四）年の『山島民譚集（一）』（定本第二十七巻）に所収の「馬蹄石」の一節に、柳田の言及が見られる。深山の奥で白馬を見たという伝承がある。柳田によれば、白馬は田の神／山の神の乗り物である。田の神／山の神を同一神とみなす信仰が存在する。たとえば、伊賀などでは田の神が秋の収穫後に山に入って山の神となり、正月七日よりふたたび里に下って田の神になるという。そうした田の神／山の神が春秋二季に去来するという信仰が、深山の白馬の伝承に重ねられ、そこに白馬に乗った山の神の像が結ばれることになった。

これ以降、柳田の関心はつねに、田の神／山の神の去来信仰のかたわらを離れることはないだろう。いくつかの例外はあれ、山の神という問題の第一主題は確実に、しだいにその一点に絞りこまれてゆくはずだ。大正十五（一九二六）年に刊行された『山の人生』（定本第四巻）のなかでは、何故に多くの山の神が女性であったか、という問いが発せられる。山と女性・産育をめぐる問題はたしかに、山の神信仰にとっては重要なテーマであるが、わたし自身はむしろ、以下のような一節に興味をそそられる。

所謂《いわゆる》大山祇命の附会が企てられた以前、山神の信仰には既に若干の混乱があつた。木樵猟人が各〻其道に由つて拝んだ外に、野を耕す村人等は、春は山の神里に下つて田の神と為り、秋過ぎて再び山に還りたまふと信じて、農作の前後に二度の祭を営むやうになつた。

山の神のうえに、大山祇命《おおやまつみのみこと》・岩長姫《いわながひめ》・木《こ》ノ花咲耶《はなさくや》姫《ひめ》といった記紀の神々が被せられる以前、つまり、明治期の神社合祀にはじまる国家神道イデオロギーの強制が山の神にまで及ぶ以前から、すでに山の神信仰にはいくらかの混乱が見られた、と柳田はいう。山の神には木樵・猟師らが祀るもののほかに、農耕の民が信仰するものがあった。そのどちらが山の神信仰の先行形態か、二次的な派生形態か――、柳田の表現は微妙であり、判断はつけにくい。ともあれ、二つの系譜を異にする山の神が交錯するなかで、田の神／山の神の循環のうえに春秋二度の祭りが営まれるようになった、と柳田は考えたらしい。

いずれにせよ、この段階の柳田はいまだ、『先祖の話』において明確に打ち出される、あの田の神／山の神の循環図式の内側に封じこめられてはいない。祖霊を核とした固有信仰論によって、あるがままの山の神信仰がねじ伏せられる状況にはいたっていない、ということだ。たとえば、昭和三（一九二八）年の『民族』の山の神特集号に付された、柳田の「記者申す」（定本第三十巻）には、以下のような興味深い田の神／山の神論が示されている。
陰暦十月の神無月《かんなづき》は、昔から出雲の神集《つど》いに繋げて説かれるが、柳田によれば、それはあきらかに田の神無月である。秋に田の刈り上げが終わると、村には田の神＝農神がいなくなる。田の神が還ってゆくのは、かならずしも山ばかりではなく、住吉の十月神送りのように海という例もあった。山の神以前には、田の守り神は海からする水の神だった、と柳田はいう。それがやがて、漠然と海に向かうのではなく、国処《くにところ》を出雲と具体的に定めるようになった。出雲に神々がゆき集うという伝承の背景には、山へ還って山の神になるという信仰とは別系統の、おそらくはそれ以前の、海の神とかかわる古い信仰が存在したのである。そう、柳田は推理を巡らしていたらしい。

さらに、田の神が山へ還って山の神になるという信仰についても、柳田はいくつかの指摘をしている。第一に、この季節にはちょうど、山／里との交叉する地で山の神または山の神人を迎える行事があり、それが田の神上げの習俗と結びついた、という。そこで語られているのが、ほとんど折口信夫の山人・市・鎮魂をめぐる所論そのものであることは措く。注目したいのはただ、そうした折口的な山の神の祭りが、それとは異質な田の神上げの習俗と重なることで、田の神／山の神の去来伝承が生成を遂げてゆく、その筋道を柳田が示唆していることだ。

昭和四（一九二九）年の「新たなる太陽」（定本第十三巻）にみえる、山の神は仲冬をもってその祭りの季節としている、といった指摘が思い合わされるところだ。仲冬つまり陰暦十一月の、いわゆる霜月祭りが、山の神の祭りと二重写しにされているのである。さらに後年の「年中行事」（昭和二十四年、定本第十三巻）にもまた、同じ主題がやや角度を違《たが》えながら反復されている。田の神送りの祭り／山の神の祭り／霜月祭りの腑分けをつうじて、柳田が古い祭りの形態を再構成しようと試みていたことは、おそらく想定して誤りではあるまい。

それとかかわりつつ、山の神・田の神送りには、一方神焼きのための名残り惜しみの儀式も混じっていることを考えぬわけにはいかない、と述べている。これが関心を惹かれる第二の点だ。山の神の祠焼きをはじめ、小正月の道祖《どうそ》神《じん》焼き・御火焼《た》きの神事など、秋冬に神を焼いてあらたな神の蘇りを待とうとした祭祀・習俗は多い。柳田が山の神・田の神送りと、そうした神焼きの行事との関わりをどのように思い描いていたのか、あきらかにはしがたい。

わたしはただ、「記者申す」という短い文章に書き留められた、いくつかの田の神／山の神をめぐる暗示めいた指摘の背後に、この時期、柳田の周辺で熱い関心を向けられていた奥三河のいくつかの祭りの光景が沈められていることを、ひそかに想像してみるばかりだ。そして、山の神の像《イメージ》はいまだ、多様なる揺らぎと可能性のなかにあった。

田の神／山の神の循環図式

さて、「民俗学」の学の体系としての確立に向けて歩が進められる段階になると、山の神をめぐる問題群ははっきりと生気を失ってゆく。問いとしての鮮度が、いや、「現在の事実」としての切実な意味合いが薄れていった、と言い換えてもよい。もはや、田の神／山の神の循環図式が自明と化した場所には、『後狩詞記』の焼畑・狩猟にかかわる山の神や、『遠野物語』の赤い顔と輝く眼を持った山の神などが晴れやかな活躍を演じる余地はない。山の神をめぐる問題は山から平地へと、問いの舞台そのものを劇的に転換させたのだ。問われるべきは平地に暮らす稲作農耕民の世界観のなかに占める、ささやかな山の神の棲《す》み処《か》である。

それでも、昭和七（一九三二）年の論考「年木・年棚・年男」（定本第十三巻）などにはまだ、正月様・歳徳神について、それを田の神・山の神・先祖の霊などと断定することに強い留保を示した一節がある。そこには、日本の学問はけっしてまだ、そんなことが言い切れるまでには発達していない、と書きつける柳田がいた。そのとき、柳田ははたして、それから十数年後にみずからの手で留保を解き、その問題に敢然と決着をつけるときが訪れることを予期していただろうか。

昭和二十一（一九四六）年に刊行された『先祖の話』（定本第十巻）に、眼を転じてゆかねばならない。その「田の神と山の神」と題された一章には、まさに、かつて留保されたあの問いにたいする答えが提示されている。柳田はいう、田の神・農神《のうがみ》・作の神とも呼ばれている家ごとの神は、正月の年の神とともに、祀る人々の先祖の霊であった、と。たしかに十数年の歳月の経過はあった。しかし、そのあいだに、柳田のなかで答えを出しうるまでの学問的な成熟があったのか否か、わたし自身ははっきり懐疑的だ。むしろそれは、固有信仰論の確立を急がねばならぬゆえの、あるイデオロギー的な決着のつけ方であったという気がする。

いずれであれ、田の神／家の神／祖霊が等価に繋がれることで、山の神もまたいっさいの揺らぎを脱して、くっきりと牧歌的な像を結ぶことになった。より正確には、山の神の最後の居場所が定まったということだ。『先祖の話』には、こんな一節がある。

たとへばもう久しい前から、私たちの注意して居る一事、春は山の神が里に降つて田の神となり、秋の終りには又田から上つて、山に還つて山の神となるといふ言ひ伝へ、是《これ》はそれ一つとしては何でも無い雑説のやうであるが、日本全国北から南の端々まで、さういふ伝への無い処の方が少ないと言つてもよいほど、弘く行はれて居るといふのが大きな事実であつて、しかもそれにはまだ心付かぬ者が多い。我々の山の神は大山祇《おおやまつみ》、又

> は木花開耶姫神《このはなさくやひめのかみ》ときまつて居るやうに学者だけは言ふが、実際は祭る者が猟夫であり杣《そま》樵《きこり》であり、又海上を往来する船の者であるによつて、信仰も異なり神徳の表現もちがつて居たのである。同じ一つの山神を共同に拝んで居るといふのは、大抵は新しい御社であつて、それも亦《また》別種の信仰に基いて居る。農民の山の神は一年の四分の一だけ山に御憩ひなされ、他の四分の三は農作の守護の為に、里に出て田の中又は田のほとりに居られるのだから、実際は冬の間、山に留まりたまふ神といふに過ぎないのであつた。

柳田は当然ながら、山の神をめぐる信仰や祭りがたいへん多種多様であり、とうてい一義的な像には収斂されがたいものであることを知っている。ただ、巧妙な切断と排除をひそかに実行してみせるばかりだ。名称はたとえ同一ではあれ、山棲みの猟師や木樵、また海の民が祀る山の神と、稲作農耕の民が祀る山の神とは、もはや別系統の神にすぎない。稲作の内／外にあって、山の神は二つに分断される。二種類の山の神とその信仰がある。そして、稲作と祖霊を核として形作られる固有信仰論のまえに、山の民や海の民の祀る山の神は、ほとんど附随的な意味合いしか持ちえないことになる。逆に、稲の民の斎《いつ》きあがめる山の神は、山の神とは名ばかりで、たんに冬のあいだ山に留まる神＝田の神にすぎないとされた。そうして、山の神という問題そのものが消滅した。

平地の稲の村を基点とした田の神／山の神の循環図式が、ここに完成する。田の神の仮りの姿となりはてた山の神は、たとえば異族の神とも、海の神とも無縁な、あるいは、猟師・木樵・石工らの祀る山の神とも交渉のない、稲と祖霊の信仰の内側に閉ざされたのっぺらぼうな神と化す。『後狩詞記』の発見から、四十年に近い揺らぎと試行錯誤の道行きを経て、柳田の山の神信仰論がいたりついた、これがほかならぬ最期の場所であったことを確認しておこう。

山の神信仰のさらに古層へ

山はもはや畏怖に浸された異界ではない、祖霊が去来するあの世であり、懐かしい他界であった。柳田の後期思想それゆえ「民俗学」の核をなす、田の神／山の神の循環を家々の祖霊の去来と重ね合わせにする固有信仰論は、山それ自体を根っこから去勢した。たとえば、『先祖の話』の「帰る山」と題された一節では、柳田は以下のように語っている。

無難に一生を経過した人々の行き処は、是よりももつと静かで清らかで、此世の常のざわめきから遠ざかり、且《か》つ具体的にあのあたりと、大よそ望み見られるやうな場所でなければならぬ。少なくとも曾《かつ》ては其様《そのよう》に期待せられて居た形跡はなほ存する。村の周囲の或《あ》る秀でた峰の頂から、盆には盆路を苅り払ひ、又は山川の流れの岸に魂を迎へ、又は川上の山から盆花を採つて来るなどの風習が、弘く各地の山村に今も行はれて居るなども其一つである。……五月田植の日、田人早乙女《たうどさおとめ》が一斉に振仰いで、山の姿を礼讃する歌をうたふやうな峰々は、何れも農作の豊饒の為に、無限の関心を寄せたまふ田の神の宿りであつた。春は降り冬は昇りたまふといふ百姓の守護者が、遠い大昔の共同の先祖であつて、その最初の家督の効果が末永く収められることを、見守つて居て下さるといふやうな考へ方が、或《あるい》は今よりももつとはつきりとして居たのかも知れない。

すでに山の神の姿はどこにもない。山の峰々はただ、農作の豊饒のためにかぎりない関心を寄せる田の神の宿りする場所であった。春には山を降り／冬には山に昇る、この田の神は百姓の守護者であり、また、遠い昔の共同の先祖である。盆と正月には、家々でそれぞれの田の神＝祖霊を迎えて祭りをおこなった、そんな時代があった……。いかにも牧歌的にして、懐かしく閉ざされた家々の風景である。ここに、柳田の思想を根柢にあって支えてきた他界願望と経世済民とはみごとな調和をもって、美しい融合に辿り着いた。柳田はたぶんそれを信じた。しかし、『先祖の話』によって誰が救われるのか、いかなる世の立て直しが果たされたのか。それはまた、あらためて問われなければならない。

それにしても、山の神という問題はどこに隠れてしまったのか。くりかえすが、山の神をめぐる信仰や祭りはたいへん複雑によじれており、とうてい一義的な像には還元されがたいものだ。その起源や歴史的な変遷といったものもまた、ほとんど解き明かされてはいない。田の神/山の神の循環図式が広く、漠然と流布されることによって、山の神という問題が孕む根柢的《ラディカル》な問いかけは忘却された。それはひたすら、取るに足らぬ瑣末な問題へと貶《おと》しめられてきたといってよい。柳田以後の「民俗学」の内部では、ことにそうした傾向が顕著ではなかったか。はたして山の神は田の神がまとう仮りの姿、その別称にすぎないのか。

あらためて、山の神とは何か。春に山から降って田の神となり、稲田の成育を見守って、収穫の終わった秋にはふたたび山に還ってゆくという、田の神/山の神の循環図式をまず壊さねばならない。そんなものが列島の山の神をめぐる自明の風景であったはずがない。それはただ、稲作農耕民の世界観にこそふさわしい山の神のイメージにすぎなかった。柳田とその「民俗学」の怠惰な緊縛の内側に封じこめられてきた、山の神という異貌の神の荒ぶる力を解き放たねばならない、と思う。

祖霊と等価に結ばれる田の神や、田の神/山の神の循環図式とはおよそ無縁な、一群の山の神が存在した。焼畑農耕にしたがい、あるいは狩猟・炭焼き・木樵などを生業《なりわい》とする山棲みの人々が信仰する山の神である。焼畑農耕の民は焼畑の木おろし・火入れのときに、山の神にお神酒《みき》や供物《くもつ》をそなえる。木樵や炭焼きは、山入り・木の伐採などにさいして山の神を祀り、狩猟の民もまた、獲物を射止めると山の神にその獲物の心臓・毛・耳・肝臓などを捧げて、山の神の祭りをおこなった。そこにはあきらかに、山の神/田の神の循環図式には収まりきらぬ、異なる神の面影が色濃く覗けている。

それでは、稲作民の山の神／山民の山の神のあいだには、いかなる交渉の歴史があり、その先後関係はどのように了解されるべきか。柳田以後の「民俗学者」は、稲作民の山の神が山民の山の神に先行し、後者は前者の派生もしくは変形とみなす立場を択ぶことだろう。しかし、こうした了解には最初から無理がある。なぜなら、縄文から弥生へ、すなわち狩猟採集から稲作農耕へと連なる列島の巨視的な文化の流れのなかでは、山の民の祀る山の神のほうが古層の信仰であった可能性が、あきらかに高い。山の神信仰が稲作とともに列島に伝来したと考えることは、むろん可能であるが、田の神／山の神の循環図式の内側から、たとえば、マタギの山の神祭りが派生してきたとは想像しがたい。

堀田吉雄の大著『山の神信仰の研究』には、「マタギなど狩猟者の信仰する山の神の方が、農耕者の其れよりも、一層古い起源を持っていることだけは疑う余地は乏しい」とある。柳田への献詞をかかげ、柳田の「民俗学」への最大限の敬意をもって書かれた『山の神信仰の研究』の著者にして、これは譲れない一線であった。

あるいは、佐々木高明は『稲作以前』のなかで、狩猟民の山の神→焼畑農耕民の山の神→平地農耕民の山の神＝田の神へ、という山の神信仰の変遷のプロセスを仮説として提示している。大筋において、この佐々木の仮説は首肯されるものだ。稲作以前を意識的に切り捨てる立場を択ばぬかぎり、そして、山の神が列島の歴史の古層に横たわる信仰形態のひとつであることを認めるかぎりにおいて、佐々木の示した仮説は、現在のところはもっとも魅力的なものといってよい。むしろ、柳田自身の前期の論考群のなかに、やわらかな可能性の芽として、そうした了解の地平が垣間見えていたことは、すでに見届けてきたところだ。

山の神は異貌の神である。山の神をめぐる祭祀や習俗に虚心に眼を凝らす者はだれしも、それが稲や祖霊といった植物的な、また円環をなすイメージに閉ざされてはいないことを認めるはずだ。柳田的な固有信仰論のかなたに、あらためて山の神信仰の歴史を辿る作業を積み重ねてゆかねばなるまい。山の神は列島の常民史の結ぼれを解きほぐすための、ある重要な鍵である。山の神の向こう側に、もうひとつの列島の歴史を浮かびあがらせなければならない、と思う。

二、『山の人生』／稚くして山に紛れ入つた姉弟が親の家に還つて来た

幽冥談、隠された序章として

柳田の前期の思想にとって、やはり山という場所は決定的に重い。山は空間的、かつ時

間的な異界であった。それゆえに、柳田は山の神秘・力・情緒や、山に向けての畏怖についてくりかえし語った。明治三十年代から四十年代にかけては、おそらく日本の近代が山を異界として発見した時代である。柳田はそうした時代の空気に浸されながら、固有に山への幻想を紡いでいった。山は多分に観念のヴェールに包まれ、だからこそ、山という場所を想像力の培養器とした思索の深まりもありえた。

大正十五（一九二六）年の『山の人生』を最後に、柳田はその観念としての山を降り、平地の稲の民のかたわらに還ってゆく。たんなる挫折や転向ではない。その道行きにはむしろ、ある種の必然が感じられる。昭和期に入ってからの柳田が、まるで憑き物でも落ちたように異界としての山から遠ざかってゆくのは、けっして偶然ではない。

山の神についてはすでに語った。その山の神にたいする関心のすぐ裏側には、先住異族の末裔である山人《やまびと》の影が見え隠れしていた。しかし、両者が交叉する光景はほんの数度しか見られない。明治四十二（一九〇九）年の「山民の生活」のなかに、その一端がわずかに覗けている。山の神を山／平地の境に祀られる神、また、稲の民である渡来の日本人が植民地／蕃界のあいだに置いた神、おそらくは先方の異族に属する神として理解しようとする柳田が、そこにはいた。が、こうした仮説的な了解は二度と顧みられることはない。疑いもなく可能性の種子である。稲作以前の異族こそが、春秋に里／山のあいだを循環する田の神の別称にすぎぬ山の神よりも古い、狩猟や焼畑にかかわる山の神にたいして篤い信仰を抱いていた人々であった、と想像されるからだ。

明治四十年代から大正末年にかけての時代は、柳田にとっては確実に、熱に浮かされたように山人の消息をもとめて歩いた彷徨の季節であった。ここでは、柳田の山人論の系譜を辿らねばならない。山という問題の変奏である。それはまた、無意識の資質として底流する他界願望の盛衰の跡を追う試みともなるはずだ。

二十代前半の柳田は、「アモールの詩人」(島崎藤村)として知られる新体詩人・松岡国男であった。好んで旅と夕暮れと墓について歌う、厭世と感傷の詩人でもあった。その詩には、「かのたそがれの国」や「うつくしかりし夢の世」への憧れが濃密に漂う。みずからを「山賤《やまがつ》」や「山住《やまずみ》」にたとえた新体詩もあった。こうした資質としての他界願望が剝きだしに晒されている新体詩には、両親の死に遭遇して、林学でもやって山に入ろうかと夢想していた時期の青年・国男の姿がよく映されている。山はこのとき、すでに懐かしい異界であった。

歌への訣《わか》れが経世済民の志向に促されての選択であったことは、たやすく想像される。しかし、そうして農政学者また農政官僚として精力的に活躍するようになった明治三十年代にも、柳田のなかの他界願望は影を潜めながら、ときに顔を覗かせることがあった。この時期の柳田には、趣味を問われて天狗の研究と答えたというエピソードが残されている。むろん、柳田とは限らない、柳田周辺の文学者のあいだでは、怪談や妖怪談が一種の流行現象と化していた時代でもあったのだ。

「幽冥談」（文庫版「柳田国男全集」31所収）と題された奇妙な論考《エッセイ》が書かれたのは、明治三十八（一九〇五）年のことである。どこの国の国民でもみなそれぞれ特別の不思議を持っている、それを研究してゆけば、国民の歴史をあきらかにし、ことに国民の性質というものを知ることができるだろう、そう、柳田はみずからモチーフを語っている。この国民をたとえば常民と置き換えてやれば、それ以降の柳田の思想をつらぬく根柢的なモチーフが語られている、と読むことも可能だ。この「幽冥談」という論考はしかし、定本柳田国男集には収録されていない。おそらくは、柳田自身の意志によって排除された論考群のなかのひとつであった。

この世の中には現世／幽冥、うつし世／かくり世がある、かくり世からはうつし世を見たり聞いたりしているが、うつし世からはかくり世を見ることはできない、我々が空間と認識しているものはみな、かくり世である。これが、柳田によって幽冥論と名づけられたものだ。柳田はそれを歌の師から教えられたが、青年期の新体詩を覆い尽くした雰囲気はまさに、この幽冥＝かくり世への思慕に彩られたものであった。「幽冥談」の柳田はしかし、すでに幽冥教の信者ではない。かくり世への憧憬をたんなる自己の資質や感受性のレヴェルに留めることなく、いかにして知識や社会的なるものに架橋してゆくか、その模索が開始されていた。

日本には一種変わった信仰がある、それが天狗をめぐる問題であり、また幽冥教のもっとも重要なテーマでもある、と柳田はいう。天狗という呼称の意味がほどかれる。そして、天狗の信仰を仏教的に解釈するこれまでの説を批判しながら、柳田はその信仰の根本を解き明かそうと試みる。とはいえ、柳田は天狗それ自体に好事家的な関心を寄せていたわけではない。「幽冥談」を読めばあきらかなことだ。天狗という問題の背後から、山や山人の影が射しているわけでもない。それにもかかわらず、これが柳田山人論の隠された序章であったことは否定できない。

「幽冥談」にはハイネの『流刑の神々』への言及が見られた。キリスト教が世界を支配したときに、古代ギリシア・ローマの神々は魔神《デーモン》への変身を強いられた、そう、ハイネは説いた。列島の古代にも、先住の異族と渡来の民とのあいだに戦いがあった、天つ神に敗れた国つ神の変身、そして異形なる山人の誕生……。とはいえ、『流刑の神々』が列島の古代の風景に重ねられるためには、まだ数年の歳月が必要だ。「幽冥談」にはまだ、山をめぐる主題が登場していない。

平地人・山民・山人をめぐって

山人論の原像がはじめて示されたのは、「幽冥談」から四年後に書かれた「天狗の話」(『妖怪談義』所収、定本第四巻)である。わたしが天狗を研究しているというのは、むろん虚名である、そんな奇妙な一行をもって「天狗の話」は書きだされる。柳田がそこで暗示的に語っているのは、天狗という怪異な現象の背後に横たわるもの、つまりは山男・山女・山童らのいる風景である。

柳田によれば、我々の祖先は米が食いたさに争って平地に降った。平地と山地とは今日なお、相並行して入り混じることのない二つの生活をしている。したがって、平地の民が天狗伝説を忘却しても、山地では魔道の威力はかならずしも衰微したとはいえない。山にはいまだ、無数の天狗や魔界をめぐる現象が残っている、という。

> 昔から殊《こと》に近代に於て山中の住民が堅く天狗現象なりと信じて居るものゝ中で、どうもさうで無からうと思ふことがあります。山民は幽界を畏怖するの余に、凡《すべ》ての突然現象、異常現象を皆天狗様に帰して了《しま》ふ。併《しか》しその一部分は魔王の与《あずか》り知らぬものがある。この濡衣を乾せば魔道の威光は却《かえ》つて慥《たしか》に一段を添へるであらうから一寸その話をして見たい。それは外でも無いが日本の諸州の山中には明治の今日と雖も、まだ我々日本人と全然縁の無い一種の人類が住んで居ることである。これは空想では無い、当世のロジックでも説明の出来ることである。

山民が天狗の仕業《しわざ》と信じている現象のなかには、どうやら天狗や魔王の与り知らぬもの

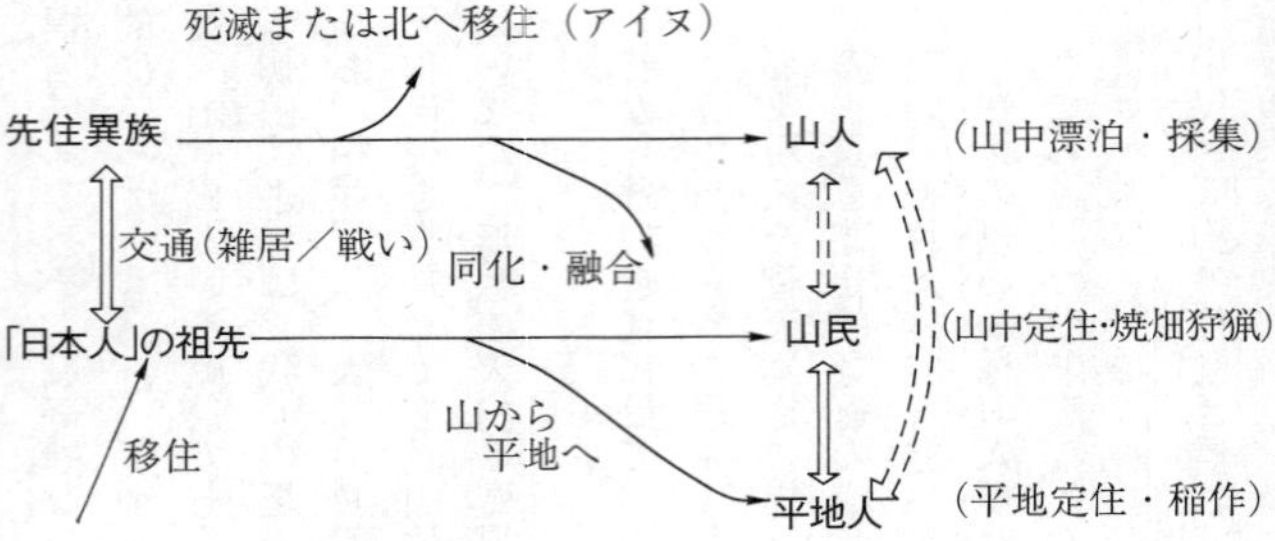

図Ⅲ　平地人・山民・山人をめぐる歴史

が含まれている。そこに柳田は山中の異族の影を見た。列島の深い山々には、日本人とはまるで縁のない人類が棲んでいる、と柳田はいう。これら神武東征の以前から列島に棲んでいた蛮民は、我々＝日本人による排斥と圧迫を蒙った末に、山中に逃げ籠もり、漂泊と採集をもって生をいとなむようになったのだ。柳田はそれを、「現在の事実」ではないかと考える。やがて山人と名づけられる列島の先住異族の末裔たち、その消息をもとめての旅は、そうしてはじまった。

この明治四十年代の柳田には、平地人《へいちじん》・山民《さんみん》・山人が織りなす歴史についてのある漠然とした見取り図があった。我々＝日本人の祖先は稲を携えて列島に渡来した。はじめ山地に居を占めた日本人は、やがて稲作の適地をもとめて山から平地へと降った。かれらは平地に定住して稲作主体の農耕にしたがい、しだいに勢力を広げてゆく。それが平地人である。山に残った人々もまた日本人の分かれであるが、山民として山間の地に定住しながら、焼畑と狩猟を中心とする暮らしをいとなみ続けた。

これにたいして、日本人の渡来以前から列島に棲んでいた先住の異族は、新参の日本人による圧迫を受けながら、消滅と同化のいずれかを強いられた。異族のある部分は山中深くに退いて山人となり、あるいは、北方へ追い上げられていった。山人は人目を避けながら山奥を漂泊し、農耕とは無縁な採集生活によってかろうじて命を繋いできた。それら山人と思わぬ遭遇をした山民・平地人は、それを山の怪異として了解し、語り継いでゆくことになる。山男や山女、山童や山姥《やまんば》などにまつわるさまざまな昔話・伝説は、そうして産まれ、列島の各地に広められていった。

ともあれ、山人は発見された。このとき、山人はすでに列島の先住異族の末裔であった。「幽冥談」から「天狗の話」へと、確実に、柳田の天狗的なるものへの眼差しには変化が見られた。そのあいだには、椎葉への旅と佐々木喜善との出会いがあり、山という異界が「現在の事実」として発見されている。柳田の前には、山人が具体的な姿とかたちをもって生き生きと立ち現われてきた、それだけは疑いない。

山人史の構想に向けて

大正二(一九一三)年からの数年間が、おそらく柳田にとっては、もっとも熱く沸騰した山人の季節であった。山人論のある意味では頂点をなす二つの論考、「山人外伝資料」と「山人考」（ともに定本第四巻）が書かれ、また、南方熊楠とのあいだに激しい山人をめぐる論争が交わされた。柳田自身が主宰していた『郷土研究』の誌上には、山人にかかわる論考やエッセイが数多く掲載されている。その中心にいたのは柳田と佐々木喜善であった。

「山人外伝資料」の冒頭の一節は、どこか異様な雰囲気を漂わせている。

> 拙者の信ずる所では、山人は此《この》島国に昔繁栄して居た先住民の子孫である。其《その》文明は大に退歩した。古今三千年の間彼等の為に記された一冊の歴史も無い。それを彼等の種族が殆《ほとんど》絶滅したかと思ふ今日に於て、彼等の不倶戴天の敵《かたき》の片割たる拙者の手に由つて企てるのである。此だけでも彼等は誠に憫《あわれ》むべき人民である。併し斯《かく》言ふ拙者とても十余代前の先祖は不定である。彼等と全然血縁が無いとは断言することが出来ぬ。無暗《むやみ》に山の中が好であつたり、同じ日本人の中にも見たゞけで慄へる程嫌な人があつたりするのを考へると、唯神のみぞ知《しろ》しめす、どの筋からか山人の血を遺伝して居るのかも知れぬ。

柳田はいま、征服者の後裔であることの自覚に立って、この島国に昔繁栄していた先住民の子孫である山人の歴史を書こうとしている。ところが、そこには不思議な言葉が書き添えられている。自分とても十数代前の先祖は定かではない、山人と血縁がないとは断言できない、どの筋からか「山人の血」を遺伝しているのかもしれない……と。山人の血という。異形の言葉である。たんなる文学的な比喩であろうか。もう一度、この山人の血なる言葉は登場してくる。あらためて触れることにしよう。
「山人外伝資料」のなかで示された山人史の構想は、以下のようなものであった。

第一期／国つ神時代（神代〜山城遷都）
山人の先祖がまだ多く谷や平野に群居して、大和の部族と対抗した時代。日本人はかれらの酋長を荒神・邪神と呼び、一朝帰順して路をひらけば、その信仰を尊重して、酋長を国つ神といい、その家の祖先を国魂・郡魂として祀った。
第二期／鬼＝物時代（〜鎌倉時代）
坂上田村麻呂らによって、帰化する者は早く帰化させ、ほかは深山へ追いこんだ。かれらは官道の通らぬ山地に棲み、交通を妨害した。その出没の自在さに驚き、人間以上の存在と認め、さまざまな浮説を附け加え、山人を鬼や物と見なした。
第三期／山神時代（〜江戸初期）
山人の多くは鬼と言われながら、帰化・土着した。山に残る頑冥派はいよいよ孤立し、もはや平地人と戦う勇気もなく、わずかに姿を見せることはあっても人を畏れてすぐに隠れた。そのために逆に山人の不思議は加わり、神徳のうちに数え、禍福についての祈願をした。こうした山神信仰の発生に参与したのは、山伏である。

第四期／猿時代（〜明治初期？）

大いなる零落。本草学のなかで、山男・山爺は寓類に数えられ、狒々《ヒヒ》の次に置かれた。

第五期／？（現代）

山人の同化と抵抗の歴史である。山人の実在という仮定のうえに積み上げられた仮説であった。柳田はよく承知していた。だからこそ、この山人史の構想に多くの資料をもって肉付けしてゆく方法は取らずに、「今日の山男」の実在証明へと向かった。「現在の事実」としての山人の発見が逆に、いずれは山人史の構想を裏側から支えることになる、と柳田は信じた。「山人考」のなかにも、山人史の試みが再び登場してくるだろう。

山人はたんなる妖怪のたぐいではない。山人との遭遇譚は本州・四国・九州の、およそ定まった十数か所の山地にのみ伝えられてきた。たとえその話のいくらかが幻覚であったとしても、なお「幻覚相応の根拠」があるらしい、と柳田はいう。いわば、山人論はこの「幻覚相応の根拠」をもとめて繰り広げられたものだ、といってもよい。そうして、柳田はほとんど不可解なまでの情熱をこめて、山人の衣食住や生殖をめぐる状況、山中における生存の可能性などを問いつづけた。はたして山人の実在は証明されたか。今日の山男は見いだされたか。

山人という現在の事実、そして山人の血

山人の消息探しに熱中する柳田に冷水を浴びせたのが、ほかならぬ南方熊楠であった。柳田と南方、二人のあいだで書簡を通じた交流がおこなわれたのは、明治四十四(一九一一)年から、事実上の絶信となった大正五(一九一六)年の末までの、六年足らずのことである。多くの刺戟的な論争が戦わされたが、山人をめぐる問題はそのなかでももっとも重要なテーマのひとつであった。

南方の論考「山神オコゼ魚を好むということ」が、二人の書簡のやり取りの発端となった。柳田は山人に関する資料の提供を乞い、南方は惜し気もなくそれに応じた。その構図は一貫している。南方はかけがえのない情報提供者であったが、同時に、柳田の山人探しにたいしては揶揄の眼差しを向ける、むしろ最大の批判者であったことを忘れてはならない。南方の批判が一気に噴出したとき、二人の交流は幕を閉じた。(以下、『柳田国男 南方熊楠 往復書簡』による)

山男は「現在も稀々日本に生息する原始人種なるべし」と信じている、そう、柳田は書いた。山人とアイヌとの関わりに触れた箇所がある。柳田によれば、近世には日本人を厭

い山に入って野獣のごとき生活をしていたアイヌがいるというが、異族ことにアイヌがことごとく北海に退却したとは認められず、その子孫はいかになったかを研究しながら、ここまで来た、大半は里に降り同化したであろうが、一部が山中に残ったことはたやすく想像される。それがむろん山人であった。

それにたいして、南方にとっての山人とは何か。かつては諸国に一種の山人が棲み、村人と交渉を持っていたが、やがて死に絶え、その記憶が虚談半分に伝えられてきたのが、いまに伝承として残された山人である、と南方はいう。今日の山男の実在にたいしては、まったく懐疑的であった。

大正五年暮れの最後の南方書簡があきらかにするのは、こんな対立の構図であろうか。山人は猿／ヒトの中間のような「原始人類」であり、日本にも遠い昔にはいたかもしれないが、今日はけっして存在しない、と南方は考える。柳田はこれに反して、山人を先住異族の末裔として位置づけ、今日稀れにではあれ生息する「原始人種」と見ていた。原始人類／原始人種という、この隔絶はかぎりなく大きい。

南方の批判にたいする柳田の応答の一節を、以下に引く。

山男につきての御話は面白く存知候につき、あのまま二月の雑誌へ出したく候。ただし一言申したきは小生が山人または山男と申し候ものは一巻一号にあらあら申し候通り、

○先住民の敗残して山に入りし者の子孫
○今も存す
○子孫永続のため新来民すなわちわれわれの子女を勾引す。故に血混じ語式は通ず
○その一部は死に絶え、その一部は邑を作り貫籍を有し混同にて消滅す
○これ以外の非人間的現象は誇張誤解による浮説
かく考えおり候ももちろん十分なる証拠論拠は提供せしにあらず。むしろ材料を排列し、これに空なる仮定を添えたる遊戯文字に候いしなり（学問上有害ならぬよう注意はしてあるつもり）。

柳田山人論の核をなしていたのは、山人が先住異族の末裔であること、その一部が現在も実在すること、の二点であろうか。そのどちらが欠落しても、「現在の事実」として山人を語ろうとする柳田の立場は根柢から崩れる。山人の歴史を辿ることはだから、列島の民族形成史にかかわる大きな課題であると同時に、現代における社会政策的な課題の一環をなすと信じられていた。

しかし、当然とはいえ、今日の山男の実在など証明されようはずもない。山人論を支える両輪の輪のひとつは、南方の批判を契機としてあきらかに勢いを失っていった。そのとき、山人の帯びる「現在の事実」としての切実さが薄れてゆくことは、自然の成り行きで

ある。大正六（一九一七）年の「山人考」がもっぱら、山人をめぐる民族史や宗教史の記述となっているのは偶然ではない。

「山人考」はその起点に、現在の日本人があまたの種族の混成であるという認識を据える。柳田によれば、天皇家の祖先が列島に渡ってきたときには、すでに数多くの先住民がおり、かれらは天つ神にたいして国つ神と呼ばれた。それら国つ神の同化の事業が終わるのは、十一世紀後半の前九年・後三年の役の時代である。しかし、先住民が種族として死に絶えたとは考えられない。それは血の混淆もしくは口碑の忘却を意味している。朝廷の祭りなどには山人たちの奉仕が見られた。柳田はそこに、山人史をほどく重要な鍵を見いだすが、柳田自身がそののち手を染めた形跡はない。ともあれ、上古史に見える国つ神＝先住異族が二つに分かれ、大半が里に降り常民に混同したのにたいし、残りが山にとどまって山人と呼ばれた、と「山人考」の柳田は考えたのである。

山の神に触れた興味深い一節がある。村人が山の神を祀りはじめた動機は、近世には鉱山や狩猟にかかわるものもあったが、その大多数は採樵と開墾の障害がないことを祈るものであり、山の神に木を乞い、地を乞う祭りをおこなうことを最初の目的として、山神の社は建てられた、そう、柳田は述べている。その祭りを怠ると、怪我や発狂・死といった山の神による怖ろしい制裁が待ち受けていた。この山の神について、背が高く、色の赤い眼の光の鋭い山男と同様の姿で思い描いている例は、東北などには多い。山の神の信仰にはもとは山人や山伏の関与があったが、平地の宗教がしだいにこれを無視し忘却していったために、近世以降にまったく変化してしまったとする指摘もある。山の神と山人とのあいだに歴史的な繋がりを想定していた柳田が、たしかにここにはいた。残念ながら、こうした方向への山の神信仰論の展開はなかった。

さて、「山人考」の最後は次の一文によって結ばれる。

> 殊《こと》に我々の血の中に、若干の荒い山人の血を混じて居るかも知れぬといふことは、我々に取つては実に無限の興味であります。

再び、山人の血である。わたしはそれを文学的な比喩であったとは思わない。現在の日本人は複数の種族の混成であるとした「山人考」の、必然の帰結である。古代以来の幾段階にもわたる、山人の同化と血の混淆の歴史が語られていた。あらたな民族史の構想の一環である。山人が「現在の事実」としての意味を稀薄にしてゆきながら、なお問われるべき課題として残るとしたら、それは確実にこの民族史の構想にかかわるはずだ。そのとき、山人の血の自覚こそが、過去を現在に繋げるへその緒の役割を果たすことになる。しかし、二度と山人の血について語る柳田を見ることはないだろう。山人史に向けての欲望それ自体が、「山人考」を最後に失われていったからだ。

山人論、その終楽章として

「山人考」から八年間の空白を経て、「山の人生」がある雑誌に連載された。翌年には大幅な増補のうえで、「山人考」を加えた『山の人生』(定本第四巻)が刊行された。大正十五(一九二六)年のことである。この『山の人生』こそが、柳田山人論の終楽章であり、また、山人への訣れを告げる書ともなった。

『山の人生』はその全体が三十章から成るが、大きくは三部に分かれる。はじめに山を舞台とした出来事や現象が語られ、序をなしている。それから、神隠しをめぐる伝承とその解釈が十章ほど続く。この神隠しに割《さ》かれた比重の大きさは、柳田が山人論に傾斜していった心理的な基盤らしきものを暗示している気がする。神隠しに遭いやすい気質があるのか、思えば自分なども隠されやすい子どもの一人ではあった、そう、柳田は書いた。資質としての他界願望はたしかにあった。しかし、『山の人生』の柳田はすでに、資質的なものに溺れることはない。山人への訣れがそこまで来ている。

後半部に当たる全十二章を費やして、山人論の静かな総括が果たされている。もはや、山人の今日における実在性を熱っぽく説く柳田はいない。とはいえ、先住異族の末裔としての山人というイメージが手放されたわけではない。同時に、山人史の構想があらためて展開されることもなかった。まるで訣れの通過儀礼《イニシエーション》のごとくに、山姥・山童・山男・山人らのいる風景が愛惜をこめて語られてゆく。すべてが反復である、発見はない。そうして『山の人生』はひっそりと幕を引かれた。

『山の人生』の末尾には、とても不思議な一節が配されている。中央の大社を勧請したもの／土着の旧来の信仰を保つもの、この村々の信仰に底流している二つの系統について語ったあとに、柳田は次のように書いた。

例へば稚くして山に紛れ入つた姉弟が、その頃の紋様ある四つ身の衣を着て、ふと親の家に還つて来たやうなものである。之を笑ふが如き心無き人々は、少なくとも自分たちの同志者の中には居ない。

神隠しに遭った姉弟とは、家から家へ、また母から姉へと静かに伝えられてきた常民の信仰である。その姉と弟はようやく、親の家へ、常民たちの世界へと還ってきた。柳田はおそらく、山人の消息を訪ねあるいた二十年の歳月に訣れを告げ、山人の森深くから常民の里に降り立とうとしている自身について語ったのだ。かつての農政学者はいま、常民の世界を掘る「民俗学」への道行きの出発点に立った。山人への訣れのときだ。

山人への訣れは確実にあった。そこに挫折が含まれ、ある思想的な転回の痕が刻まれていることは否定しがたい。しかし、それを思想的ないし政治的な「転向」と見なす了解には、にわかに同意することはできない。柳田は山人がいま／そこに実在することを証明しようとする試みに賭けた、そして、それは当然のことながら失敗した。さらに、山人の血にたいする幻影にも似た想いとともに、山人をめぐるあらたな民族史の構想を語った。が、それは結局、「現在の事実」としての緊要性に欠ける課題である。経世済民の志向に繋がらない山人史がやがて放棄されることも、避けがたい成りゆきであった。

可能性のほのかな暗がりに

あらためて、山人とはいったい誰か。山人について語る、それは柳田にとって何を意味していたのか。山人論の誕生の現場を照らしだすために、わたしはあくまで柳田の残したテクストに拠ることを方法としてきた。テクスト自身に内側から語らせる方法、といってもよい。まったく別種の方法的立場がある。たとえば、柳田の山人論には隠蔽された「政治」が沈められており、それを浮き彫りにすることで、はじめてテクストの意味もあきらかになると考える立場である。

柳田の山人のモデルを、漢民族によって山地に逐われた台湾の原住民＝高砂族《たかさご》にもとめる解釈が、しばしば語られるようになった。「天狗の話」に見える生蕃《せいばん》や隘勇線《あいゆうせん》といった用語は、たしかに明治三十年代に刊行された『台湾旧慣調査報告書』の影響を感じさせるものだ。あるいは、「山民の生活」の一節、「全国の蝦夷が悉く《ことごと》北海道へ立退いたこと恰も《あたか》台湾の隘勇線の前進が生蕃を押出すと同じかつたとは思はれません」などは、山人論への影響を示唆しているという。こうした台湾における、平地民／山地民（生蕃＝高砂族）のあいだの社会・文化的な対比が、柳田の山人イメージの源泉のひとつであった可能性を、まったく否定するのはむずかしい。

しかし、柳田が明治・大正期に描いていた山人をめぐる構図は、平地人／山民／山人の歴史的な三層構造をなしており、台湾の平地民／山地民の対立には還元しがたいものである。アワを栽培する山地の高砂族が、山中の漂泊と採集生活をもってイメージの肉付けをほどこされた山人と、そのままに置き換え可能であるはずはない。高砂族がストレートに結びつくのは、むしろ山中に定住して焼畑農耕にしたがった山民である。朝鮮半島の火田《かでん》民《みん》と呼ばれた焼畑の民もまた、それゆえ柳田のいう山人からは遠く、山民として括られるべき人々であった。いずれであれ、山人イメージの源泉を単純に台湾高砂族に帰着させようとする了解には、とうてい承服することはできない。

すくなくとも柳田自身にとって、焼畑農耕や狩猟にしたがう山民は平地人の中世における分かれであり、それゆえに山には古い日本文化が埋もれているという認識もありえた。その山民はあきらかに、先住異族の末裔である山人とは厳密に一線を劃されていたのである。山人論が分泌されるためには、柳田の内／外を有機的に繋ぐ、ある重層的な契機なり背景なりが必要だったはずだ。媒介項なしの、単線的な台湾高砂族への還元説によっては、やはり山人の誕生の現場を全体的《トータル》に浮かび上がらせることはむずかしい。

たしかに、植民地・台湾に見いだされた平地民／山地民の社会・文化的な対比は、山人イメージを産んだ源泉のひとつであったかもしれない。しかし、そこからただちに、山人はその国内版として発見された虚構的《フィクショナル》なもの、柳田自身の朝鮮統治への関与を隠蔽しようとするディレッタンティズムにほかならない（村井紀『南島イデオロギーの発生』）、といった性急な結論を導き出すことはできるか。柳田のテクストに拠ることを方法として択んできたわたしは、そうした仮説には同意できない。柳田の膨大なテクストを「政治」の磁場において読み抜く、それは方法としてあってよい。が、そのすべてを「政治」に還元しうると考えるならば、ひとつの思想にたいして不遜にすぎる態度ではないか、とわたしは思う。

山人とは誰か、という問いにトータルに答えるのは、依然としてたやすくはない。資質としての他界願望がもたらした一過性の幻想的な物語であった、と断定することもできない。神隠しに遭いやすい気質がある、そう、柳田は書いた。そこに過剰な思い入れを託すこともまた、危うい。むしろ、『山の人生』の神隠し論は、柳田自身の山人に傾斜した二十年間にたいする精神分析のひそかな試みであったようにも思われる。自己弁護や韜晦《とうかい》を見るのもよい。よじれた「政治」の匂いもする。そのいずれでもあり、いずれでもない。奇妙な資質／志向の融合《アマルガム》の所産ではあった。

ともあれ、山人は「民俗学」以前のうち棄てられた昏《くら》がりに、行き場もなく身を潜めている。おそらく山人論それ自体には、多くの思想的な可能性は含まれていない。ただ山人史の構想や、山の神と山人の関わりのなかに、わずかな可能性の萌芽が垣間見えるばかりだ。種族の混淆は認めながら、文化における異種交配を否定することを通じて、稲作と祖霊信仰を核とした「民俗学」の体系化へと突き進んだ柳田にはしかし、山人史の試みなど切実な意味を持ちうるはずもなかった。

山人への訣れの向こう側で、異界としての山が姿を没してゆく。もはや、山からの遠い呼び声に耳を傾ける柳田はいない。やはり大きな思想の転回はあった。山から海へ、あるいは、北から南へ――。第四章であらためて触れることになるだろう。

第三章

漂泊から定住へ

津軽の鬼神社の奉納絵馬

一、「所謂特殊部落ノ種類」／ホイトノ職業ハ一種仕来リノ交易ナリシナリ

第三の可能性の鉱脈をもとめて

柳田の前期思想のなかには、幾筋かの可能性の鉱脈が埋もれている。第一の鉱脈は、物語をめぐるいくつかの発見である。物語と近代との出会い、物語が孕む供犠《サクリファイス》の光景、物語から歴史を拓《ひら》く方法とその実践といったものだ。第二の鉱脈は、空間的ないし時間的な異界としての山の背後に覗けている。平地人・山民・山人が重層的に織りなす列島の民族史、ことに山人史の大胆な構想、そして、山の神にかかわる仮説のいくつかの芽などが、これには含まれる。ここまでの章では、この、二つの可能性の鉱脈の在《あ》り処《か》を浮き彫りにすることに努めてきた。

さらに、第三の鉱脈である、漂泊と定住をめぐって紡ぎだされた歴史の構図、とりわけ漂泊民と差別の発生に関する考察について語らねばならない。おそらくはそれが、柳田の前期思想から汲み上げることのできる、もっとも太い可能性の鉱脈であったはずだ。しかも、ほぼ手つかずのままに、まともな検証を加えられることなく放置されてきた鉱脈でも

あった。

　昭和期になってからの柳田自身が、常民の村の外部《そと》を漂泊する人々を周縁的な場所に押しやったことが、柳田以後の「民俗学」に見えにくい空白の領域を生じさせる結果をもたらした。たとえば、一人の民俗学者はこんなことを述べていた、すなわち、柳田が結果として稲作文化形成の過程に固執したために、その体系に組みこまれず、問題とされなかった民俗は多いが、それはまた柳田が芸能・被差別部落・諸職人・町人などに関心の薄かったことと関係している、と。一定の共感は覚えつつも、柳田が関心の薄かったものとして被差別部落と諸職人があげられていることには、大いに異論がある。柳田にははたして、それらの人々にたいする関心が稀薄だったのか。そのために、後期の体系化された「民俗学」の内側から、漂泊の徒や被差別の民が排除されることになったのか。

　大正期の柳田は思いがけず多くの、被差別部落やさまざまな職人に関する論考を残している。ただ、その大半が生前には単行本化されることなく、小さな雑誌の片隅に捨ておかれていた。おそらくは群れとして取り沙汰されることを、柳田自身によって周到に回避されたのである。『定本柳田國男集』に収められた関連の論考やエッセイを、こちらが意図的に、群れとして再構成しつつ読む労を惜しみさえしなければ、先の民俗学者の指摘がたんなる誤読であることはただちに了解される。柳田は大正期の論考のそこかしこで、被差別部落や漂泊の民について、執拗なまでの言及をくりかえしている。たいへん鋭利にして多岐にわたる関心が、それらの人々に持続的に差し向けられていたのである。

　南方熊楠との往復書簡のなかに、そうした柳田の関心のありようの一端は覗けている。書簡という性質のゆえか、柳田のその当時の関心の所在があらわに窺える記述が数多く含まれている。

　たとえば、柳田は明治四十四（一九一一）年の美濃・越前の旅について、それが主として山民の生活に触れ、被差別部落にかかわる見聞を広めることを目的としていたことを語っている。昔の巫女はみな、サンカ・カワタなどの被差別の民から出たという推測が、そこに書きつけられる。あるいは、鋳物師《いもじ》・山伏・遊女が系統を同じくするらしいことが指摘され、鋳物師と信仰生活との関わりが示唆される。土地に拠って生活をいとなまざる人々、つまり「日本の漂泊人種」のすべてを、ある大きな視野のもとに統一的に把握したいという欲望を、この時期の柳田は抱えこんでいたのだ。根源をひとつとする、多様な現われ、しかも、そこにはいずれも宗教的な背景が隠されている、それが柳田の漂泊民論の大枠をなしていた。念のために言い添えておけば、この「漂泊人種」は民族の違いを意味するわけではなく、むしろ漂泊集団の意に近い。

　中世以前の漂泊の民の系譜が漂泊から定住へと移りゆくはざまに、被差別部落の発生はあった、そう、柳田は考える。たとえば、トウボシ（土坊師）・鉢屋・河原者といった、近世に被差別民に括られることになる人々は、ある時期、村のはずれの境の地に、人が棄てて顧みることのない農耕には不適な空閑地をあたえられて住んだ、いわば新来の定着民であった。かれらは定住の以前から、近世的な意味での被差別民であったわけではない。漂泊／定住のはざまに、深い根拠をもたぬ差別が発生してきたのだ。それが南方への書簡から浮かびあがる、柳田に固有の了解の枠組みであった。

「日本の漂泊人種」のすべてを、宗教的な背景と、漂泊／定住をめぐる構図において統一的に読み抜こうとした柳田の試みは、たとえ精緻さに欠ける粗っぽい議論ではあろうとも、なかなか魅力的なものだ。それはすくなくとも、たんなる宗教起源説として批判されるべきものではない。差別の発生のプロセスには、疑いもなく、広義における宗教の問題が絡みついている。むしろ、柳田は漂泊の起源それ自体に宗教的な動機が潜在していたことを示唆しており、漂泊／定住の構図そのものを宗教的なダイナミズムの現われとして、大胆に読み換えてゆく作業こそが必要とされているのかもしれない。それが柳田の残した仕事を、いま可能性の周縁から中心にむけて拓いてゆく試みでもあるはずだ。

日本の漂泊人種をめぐって

柳田の漂泊民論はまさに試行錯誤の産物であり、その系譜語りの跡を辿ることはけっして容易ではない。いくつかの中心となる論考はある。そこに展開されている蛇行と結ぼれにみちた記述の群れを読みほどきながら、ひとつの可能性の鉱脈として、漂泊民論の輪郭程度を浮き彫りにしてみたいと思う。

「「イタカ」及び「サンカ」」（明治四十四〜五年、定本第四巻）という論考は、柳田が日本の「漂泊人種」について、はじめて本格的に語ったものとして知られる。さまざまな漂泊する巫覡《ふげき》の徒を一系の歴史の相のもとに収めんとする、ひそやかな意志に支えられた論考であった。

七十一番職人歌合《うたあわせ》に見えるイタカを枕に説きおこされる。柳田はいう、思うにイタカは鉦打《かねうち》または鉢叩《はちたたき》などと同じく、半僧半俗の物もらいにて仏教の民間信仰に拠りて生をいとなんだ人々ではなかったか、と。歌合では、イタカは塗笠《ぬりがさ》をかぶり覆面をして、手には短い木の卒塔婆《そとば》をもって坐す姿に描かれている。五条の橋の下で往来の人々に灌頂《かんじょう》を勧めている図柄であろう、と柳田は推測する。そのイタカはまた、柳田によれば、唱門師《しょうもじ》などと同様に卜占《ぼくせん》を職掌としながら村々を廻った者であった。

イタカという呼称を起点に、主として東北に近代まで残った巫覡の徒のいくつかの相が語られる。会津周辺の、大黒の神像を配り大神楽をなりわいとしたイタカの史料を拾いあげ、それから転じて、口寄せをおこなうワカ・ミコ・梓神子《あずさみこ》らに筆を及ばせ、イチコ・イタコに繋げてゆく。上方でいうクチヨセやタタキミコを、関東ではイチコといい、また東北ではイタコという。イタコは口寄せをもって主たる職掌とし、卜占をもなす。イタコが神や仏を降ろすときの文句は、梓神子やイチコのそれと同じだ、と柳田はいう。

そのイタコの徒はオシラ神を奉祀する。そのオシラ神の信仰がアイヌと共通であることに着目しつつ、イタコという呼称はアイヌ語のイタク（神意を告げる）に出ているのではないか、とされる。こうしたイタコのアイヌ語起源説が、オシラ神信仰の問題と連結されながら、いかなる方位をもって展開されてゆくか。柳田の晩年にいたるまでの思想の全体を解き明かすための重要な鍵のひとつが、疑いもなくここにはある。いずれにせよ、イタコ・イタキ・イタケなどは、「神子思想に胚胎せる霊巫の名称に外ならざるべし」とされたのである。

さらに、東北のイタコが神意を宣伝することを職掌とする語り部の一種であり、中世のイタカとの関係は定かではないにせよ、梓神子と同類であることはあきらかだ、という。イタカについては留保しつつも、柳田はこうして、時間も空間も異にしながら点在する、神意の宣伝・口寄せ・卜占をなりわいとした一群の巫女ないし遊女たちを、一枚の系図のうえに配してみせた。のちに「巫女考」において、柳田自身がいっそうの多様なる展開を試みることになるが、ともあれここに、巫女と遊女のいる一枚の系図は得られた。

さて、「「イタカ」及び「サンカ」」の第二章はサンカ論である。はじめに、柳田がこの段階で把握していた習俗としてのサンカが語られている。

サンカは第一に、農業をいとなまないために土地との結びつきが稀薄である。第二に、夏冬の二季のみ規則正しく移動をおこない、それ以外はなるべく小屋を変えない。第三に、サンカはもっとも川岸を好む。水筋に沿って上下するに便があり、水を得やすく魚を捕り流れ物を拾うに利がある、また、竹藪が多くて小屋掛けがしやすく、無代で竹細工の原料を得られる、といった理由からだ。第四に、サンカは風呂敷でテントを作り、油紙で雨水を防ぐ。あとはわずかな食器・刃物を持つだけである。断片的な情報をもとに紡ぎだされたサンカ像であるとはいえ、さすがに的は外していない。柳田はこのあたりにサンカの原像をみている。

柳田自身もそうであったごとく、サンカ情報はつねに警察周辺からもたらされる。それゆえのサンカ像の歪みは避けがたく、柳田はくりかえし異議を唱えた。たとえば、サンカによる侵害の多くは、財貨にたいする観念の相違にもとづくものであり、サンカと常民との関係は大体において平穏な交通であった、という。ある紀行の片隅には、サンカはただ普通の村の組織や法に服さないというまではないか、と書きつける柳田がいた。定住農耕民がかれらの村の外部を漂泊する人々を、土地の所有に結びついた財貨の観念と村の内なる組織法によって裁くことの、ある種の限界もしくは理不尽さを、柳田は指摘していたのだ。このときの柳田は、漂泊の民にたいする固有の眼差しをすでに獲得していたとはいえないか。

サンカの徒は、普通人のなかの零落した者らの集まり、といったものではない。サンカのあいだには完全なる統一と節制がある。土地に縛られて生きる人々＝常民の眼に、どれほど異様なものに映ろうと、サンカの集団が自立的な法と慣習をもち、独自の権力のヒエラルキーのもとに服する人々であったことは、否定しがたい。だからこそ、サンカと常民がそれぞれに一定の距離をもって交通しあうかぎり、それは平穏なものでありえたのだ。柳田の言葉を仮りに翻訳してみれば、そんなところであろうか。

とはいえ、明治の末年には、サンカの原像はもはや過去のものになろうとしていた。柳田はここで、その原因を二つあげている。補足しついえば、第一に、河川の改修および人家の増加によって、サンカが小屋をかけ箕作りの材料を得るために欠かすことができない、河原や山の蔭といった空閑地が失われ、土地所有の網の目が張り巡らされていったことである。暗黙の慣行によって、それまで比較的自由に、小屋をかけたり材料を調達することを許されていた共同体のはざまの土地から、サンカは逐われてゆく。これはまさに、生業と生活の基盤を根こそぎに奪われ、解体されることを意味した。

追いつめられたサンカの抵抗は、近代の側から犯罪ないし反社会的な動きとして裁かれ、警察権力が動員された。入会《いりあい》の山が国有林として囲い込まれていったときに、山村で起こった「盗伐」事件の構造に似ている。これが、むろん第二の原因である。警察の圧迫によって、サンカの浮浪民化はいっそう促され、そこにサンカ＝犯罪者集団という不幸な図式が成立した。

サンカの起源については、古代・中世のクグツ（傀儡師）との関連が示唆される。クグツとサンカはともに漂泊をつねとしながら、竹を原料とする細工をもって生計を立てていた、と柳田はいう。古代のクグツは祈禱と売笑、そして歌唱・人形舞わしを主たるなりわいとしていたが、それは次第に分化して、やがてそれぞれに専門の担い手が出現してくる。そのいずれにも適さずに零落していった者らは、漂泊の民となって、常民とのあいだに劃然たる隔たりを生ずるにいたる。こうした見通しに立って、柳田はクグツを源流とするらしい、遊女・白拍子・熊野比丘尼《びくに》・勧進比丘尼らの系譜を辿ったのである。

「「イタカ」及び「サンカ」」は末尾近くになって、やや唐突に、被差別部落をめぐる問題に言及する。しかし、それは柳田自身にとってはすこしも唐突ではなかった。「「イタカ」及び「サンカ」」という論考は、さまざまな漂泊の巫覡の徒に関して、それを一系の歴史の相のもとに語ろうとする意志に支えられていた。イタカからイタコへ、あるいは、クグツからサンカへと連なる日本の「漂泊人種」の系譜をひもとき、近世以降の被差別部落もまた、そうした漂泊の民の系譜をになう人々であったことを証明しようとする。まったく壮大な目論見ではあった。

柳田は「漂泊人種」の特性のいくつかを指摘している。第一に、近世の被差別の民がほぼ中世の職人尽くしの職業に重なること。第二に、かれらは土地の占有に関係がなく、したがって本貫を重んじない人々であること。第三に、かれらの社会的な地位、それゆえ差別や賤視は後世のようには自明でないこと。第四に、かれらがみな百姓と呼ばれる階級の外部に立っていたこと。第四に、かれらの境涯は一身上の変動ではなく、家の状態によって規制されていたこと。柳田のこれ以降の漂泊民や被差別民をめぐる考察の大枠は、こうして定まった。

土着の遅れとその形式

「所謂《いわゆる》特殊部落ノ種類」（大正二年、定本第二十七巻）は、柳田が被差別部落について本格的に論じた唯一の論考である。冒頭において、柳田は被差別部落の問題を「現在の事実」として語る姿勢をあきらかにする。この時期、柳田は内閣法制局参事官であり、その職掌柄からして、被差別部落に関する内務省当局の施策や調査資料の内容をつぶさに知りうる立場にあった。「所謂特殊部落ノ種類」が社会政策的な提言を含む内容となっているのは、むろん、そうした柳田の置かれてあった場所と無縁ではない。

被差別部落をさす呼称は、明治四年の解放令によって「革太《かわた》」や「穢多」などが廃され、「新平民」に変わった。しかし、それも蔑称と化すにおよんで、あらたに「特殊部落」や「細民部落」といった呼称が使用されるようになる。柳田の批判は、問題の根本的な解決にたいする有効な施策を打ち出しえぬままに、ただ現状を糊塗するだけの呼称の改変に終始している行政に向けられた。かれらを「特殊」なりとする思想があるかぎり、百の用語を代えても無益であり、被差別部落を「特殊」とみなす観念や思想そのものを根柢から壊してゆく作業こそが必要だ、そう、柳田は考えた。

さらに、被差別部落にたいする賤視の要因を、職業の不愉快なること・生活の粗野なること・貧窮なることにもとめ、それさえ改良すればよしとする行政当局の態度にたいして異が唱えられる。そして、労力の供給者としてのかれらの地位に関して、柳田はいくつかの特性をあげる。その労力に比して土地の占有がたいへん少ないこと、また、移動性に富むこと、といったものだ。

柳田はいう、「エタ」と「非人」とをまったく異なる種族（＝集団）と見なすのが、これまでの通説であったが、自分はいまだこれを信ずるべき十分な根拠を見いだすことができない、と。柳田が精魂傾けて論証しようとしているのは、「エタ」や「非人」を含めたさまざまな被差別の民は「根源元ハ一ツナリ」とする命題である。多様な現われの底に、たったひとつの基層の風景（歴史／構造）を探りあてようとする柳田に固有の方法が、ここにはみいだされる。根源ひとつなり――とは、何とも暴力的にして魅惑的な呪文であることか。

さまざまな被差別の民に共通するのは、何より土着の形式である。すでに、柳田は「イタカ」及び「サンカ」のなかで、皮作衆や「エタ」を含めて、近世の弾左衛門の支配のもとにあった人々が「日本の漂泊人種」の後裔であることを説いていた。柳田の議論の核になっていたのは、それら中世の漂泊の民がしだいに土着化の度合いを強めてゆくプロセスに、かれらにたいする差別と賤視がはじまったとみる仮説である。漂泊／定住のはざまに被差別部落の発生をみいだしていた、といってもよい。

被差別民の居住地は多くが、村の枝郷《えだごう》にして、村境の原野・山林のはずれ・湿地や河原といった農耕には不適な空閑地を占めている。たとえば、鉢屋のハチは「邑落ノ堺」のことであり、シュク（夙・宿）はソキなどと同様に地境を意味し、算所や産所はもとは散所で不用地に住んだことによる命名である。かれらの多くが村はずれの空閑地を占めるのは、その土着が村の開発にはるかに遅れたためである、とされた。

サンカの場合にはもっとも土着が遅れた。それも土着というにはあまりに不安定なもので、河川法が実施され、近代的な土地所有の観念が浸透するにつれて、竹細工の原料を集めやすい河原に居住することも困難になった。そのために夏と冬に居を南北に移すほかに、しばしば寝所を転じ歩かねばならなかった。柳田はいう、サンカはもっとも完全な漂泊の生涯を送る人々であるが、その漂泊は新時代の圧迫によって始まった現象ではなく、被差別の民の最古の形式を保っているものである、と。

乞食、または交易の思想

「所謂特殊部落ノ種類」のなかで、ほかに被差別民の共通項としてあげられているのは、信仰と経済にかかわる側面である。経済の側面とは、物もらい業すなわち「乞食ノ道」である。年ごとに一定の時節をさだめて人家に物をもらいにくる職業には、いろいろの呼称があった。鳥追・節季候《せきぞろ》・厄払・門ホメ・庭ホメ・福吉、また万歳などの名をもって呼ばれた。

柳田がこの「乞食の道」をめぐって読み抜いてゆく箇所は、なかなか刺戟的で、ある意味では「所謂特殊部落ノ種類」という論考の山場ともいってよい。柳田によれば、コジキという日本語は仏典中の漢語の音読にはじまる、比較的新しい言葉であり、ホイトのほうがはるかに古い。乞食の古代の呼称はホガヒビトであり、いまのホイトはホギビトの短縮形であるという。ホグとは祝すること、ホガヒとは寿詞《よごと》を陳《の》べることである。すなわち、なにか縁起のよい文句を唱えることが乞食の本来の職掌であったはずなのだ。

> 乞食ニ対スル我々ノ思想ハ近世一変セリ。乞食ハモト明ニ一箇ノ職業ニシテ、禁厭ノ札ヲ民家ニ配リテ米銭ヲ乞受クルモ趣旨ハ一ナリ。今日ノ如キ自由ナル考ニテハ勝手ニ札ヲ配リ又ハ祝言ヲ唱ヘ来ル者ニ対価ヲ払フ義務アルハ不思議ナルガ如キモ前代ハ此モ亦一ノ因習ノ拘束ニシテ単独ニ之ヲ脱却スルヲ得ザリシモノナリ。……要スルニ「ホイト」ノ職業ハ一種仕来リノ交易ナリシナリ。

乞食＝ホイトの職業は、ある種の社会的な慣習のうえに成りたつ宗教的な交易である、そう、柳田の言葉を要約することができるだろうか。あるいは、それを「質的にことなるもののあいだの、対価交換——交易——の思想」（鶴見和子『漂泊と定住と』）と読み換えてもよい。おそらく、柳田の以前には、乞食のなりわいを宗教に根ざす対価交換＝交易といった視座から論じる者など、一人としていなかったはずだ。柳田はこのとき、たぶん前人未到の場所に足を踏み入れていたのである。いずれであれ、これはほんとうに魅力的な乞食論ではあった。

あるいは、「非人」の職業の沿革をあきらかにすることは民間信仰史の任務である、と大胆にも宣言がなされる。柳田によれば、「非人」と呼ばれた人々は、呪術宗教的な行事に主としてたずさわる「一種ノ魔術団体」であり、禁厭《きんえん》・祈禱・卜占をなりわいとした。疫癘《えきれい》・風雨・旱魃《かんばつ》・虫害を防ぎ、五穀や牛馬の増殖をもとめる者のために、守り札を配り、慣例としていくらかの農産物をもらい受ける。それは通例、札配りないし配当と称された、という。

この配当なる用語が、おそらくはホイトにまつわる対価交換＝交易の思想の核にあったものである。配当なる社会的な観念が生きられている場所では、村々の定住農耕民とホイト＝乞食とのあいだの交通は、たんなる一方通行的な与える／与えられる、施す／施されるという関係にあったのではなく、異質なる者が異質なるままに／対等に関係を結びあうことが可能であった。それを保証するのが配当という観念であったはずだ。

さて、「所謂特殊部落ノ種類」という論考を読みすすめながら、柳田の被差別部落論のある固有の位相に気付かされる。柳田はじつのところ、賤民や被差別民ないし被差別部落の歴史を論じているのではない。柳田によれば、近世の被差別民の前史として、職人という概念にくくられる、「公家武家社家寺家及農民ニ非ザル者、語ヲ換ヘテ言ヘバ土地ニ據リテ生活ヲ営マザル階級ノ全体」が存在した。かれらは漂泊性と巫覡性を指標として、根源をひとつとする「日本の漂泊人種」の多様な現われと位置づけられた。柳田は一度として、かれらを賤民や被差別民といった範疇に封じこめようとはしていない。漂泊から定住へ、その移りゆく歴史のはざまに被差別部落の発生があった、とみる立場が貫かれているのだ。

その当然の帰結として、エトリ起源説や朝鮮捕虜説などが斥けられる。あるいは、かつて明治四十年代に柳田が表明していた被差別部落＝異人種説もまた、たいへん明快に否定される。そして、「エタ」や「非人」と呼ばれた人々を賤民と見なすことは、深い根柢を持たぬ説であることを主張したい、と柳田はいう。すなわち、土地を宝物とする中世思想の桎梏を脱し、職業・居所の移転の自由が法的に認められている現在にあっては、「他所者排斥ノ趣味」ばかりを墨守していてはいけない。土地とは無縁に久しく漂泊の生活を続けていた人々が、新来の移住者を警戒し冷遇する時節となって、いわば外的な要因によって社会上の地位を低下させた、その結果として、中世の末から近世にかけて被差別部落は発生した、と柳田は考えているわけだ。

さらに、被差別部落がインドのカースト制度のような「先天的ノ階級制度」ではないことも、明確に語られる。それは漂泊から定住へと移りゆく歴史の臨界面に生まれた、後天的かつ偶然的な階級制度にすぎないのだ。柳田の議論に社会政策的な匂いがつきまとうとしても、それはけっして現状糊塗的な施策の提言のレヴェルにおいてではない。柳田はあきらかに、被差別部落を「特殊」とみなす観念や思想を根柢から突き崩す作業をつうじて、問題としての被差別部落それ自体を無化することを望んだのだ。それが現在の研究水準からみたとき、どれほど誤謬と限界に満ちたものであったにせよ、柳田の試みに秘められた、ひたすらに根源へと遡行しようとするラディカルな方法的立場はやはり、ある種の可能性を感じさせるものといってよい。

二、「巫女考」／巫女と云ふ階級が無かつたらフオクロアは淋しいものであつた

巫女の発生と二つの流れ

「巫女考」(大正二〜三年、定本第九巻)という長編論考は、柳田がみずから主宰した『郷

土研究』に丸一年をかけて連載された。連載は創刊号からはじまった。かたわらには、もうひとつの連載「山人外伝資料」があった。この時期の柳田にとって、漂泊民論が山人論と並んでもっとも重要なテーマであったことが、そこには象徴的に示されている。連載の準備段階から、すでに柳田は「巫女考」の単行本化を南方に伝え、連載のあいだもその意志に変化はなかった。しかし、ついに「巫女考」は単行本として刊行されることなく終わった。

ここでは、いくつかの主題に絞りこむかたちで、「巫女考」というテクストの骨格を洗い出してみたい。

第一に、巫女の種別をめぐって。柳田によれば、巫女と称される女性宗教者には大きくは二種類あった。ひとつは、大きな神社に付属して、その系統的な支配と制約のもとにおかれている神社ミコであり、祭りの神幸《みゆき》の行列に加わり、歌舞を奏し、湯立《ゆだて》の神事をおこなうことを職掌とした。いまひとつは、神と人とのあいだの仲介者として、神霊の言葉や語りを人々に託宣する口寄せミコである。この二種類の巫女が発生的には根源ひとつであると説いたところに、柳田の独創はあった。

「巫女考」にはくりかえし、巫女が現象的には多種多様な貌をみせながら、その源流はひとつであるという仮説が語られている。「旅の者に信用を置かなかつた旧思想の余習」によって、近世以降に生じた口寄せ系の巫女にたいする社会的な偏見こそが、神社ミコと口寄せミコとを分かった亀裂の主たる原因である。両者を指す名称に、ミコ・イチコなど、しばしば一致するものが見いだされるのは、神社ミコもまた神の託言を寄せていた時代があったことを暗示し、歴史的な源流をひとしくすることを推測させるものだ、と柳田はいう。

それでは、根源ひとつとされる巫女の発生的な姿は、いったいいかなるものか。これが第二の主題である。この問いにたいする柳田の答えは明快である、ミコとは神の子孫の義である、と。現在では怪しげな卑賤の身分に零落しているが、起源へとさかのぼれば、巫女とは神の血筋を受けて天然に近いがゆえに、よく神意を一般の人々に宣伝することができる者と認められていたのだ、そう、柳田は説く。神ないしそれに準ずる神の子孫や眷属・従者らの零落と、卑賤化ないし異形化という主題は、巫女論とはかぎらず、この時期の柳田にはしばしば見られたものである。

たとえば、専業的な巫女が登場してくる前段階には、「神子を人民の側から選挙した昔の慣例」があった。かぎられた氏子集団のなかから、くじ引きや順めぐりで年々の祭主を択び、それを頭屋《とうや》・頭人《とうにん》・当番などと称し、かれらが神前で祭りの主役をつとめ、あるいは自分の家に神を迎えて祀るといった祭祀の形式が、いまでも田舎の祭礼には多い。そこから、古くは共同体の内なる成員が択ばれて神子や神主の役をにない、ヨリマシとして神の言葉を人々に伝達するような慣習が存在したのではないか、と推理が進められる。ことに霊力にすぐれた家筋があれば、やがて巫覡としての役割は自然と固定してくる。神の血筋を受けて、よく神意を人々に宣伝することができる者、すなわちミコ（神子・巫女）の発生である。

第三には、巫女が辿った漂泊から定住へのプロセスをめぐって。

柳田によれば、巫女の旅の用具としてもっとも重要なものは手箱であり、彼女らの口寄せの霊験の源はこの本尊を納めた箱に発している。それは「流行神を信仰の只中へ迅速に運搬する特種の手段」であった、とされる。神仏それ自体もまた、奉祀する伝導者＝巫女と同様に漂泊性を帯びていた時代があったのである。そうした神々の土着はむろん、巫女のある土地への定住と並行する現象であったはずだ。

巫女の祀る神や本尊はじつに多様である。しかし、そこには深い意味はない。口寄せはひとつの技術であり、巫女は神と人との仲介機関であったから、たんにそれぞれの土地によく知られた、あるいは村人の帰依を得やすい神仏が択ばれたまでのことである。さまざまな神を笈《おい》に背負った巫女が年老い、漂泊の境涯に疲れ果てたとき、笈の神とともに一処に定着した、そうして村々には大小の祠が生まれた。

一処不住の漂泊をつねとした巫女は、しだいに定住の途を歩みはじめる。彼女らが定着し特定の屋敷をあてがわれたのはしかし、共同体の内部ではなく、たいていは村はずれの百姓の地割の外縁部であった。いまなお各地に残る地名のなかに、御子垣内・比丘尼屋敷・姥屋敷・守子谷《もりこだに》・傾城窪《けいせいがくぼ》などがきわめて多くみられるのは、その痕跡である。歩き巫女はその漂泊の境涯からいかにしてある地方に定住し、そこに多くの比丘尼屋敷や姥屋敷を作るにいたったのか。

柳田は稚児《ちご》ヶ淵《ふち》の伝承を、まつわりつく固有名詞の呪縛から解き放ち、神のヨリマシをつとめた童男・童女の移り住んだ場所として見定めてゆく。生石《おういし》伝説や石成長譚のなかに、漂泊の巫覡らが本尊をたずさえて運んだ歴史の跡を認めつつ、腰掛石などはお旅所《たびしょ》つまり遍歴する神の降臨の地である、という。あるいは、頼政《よりまさ》の名を冠された墓や塚をめぐって、頼政なる固有名詞との連結が否定される。その名称の起源は巫童・巫女をヨリマシと呼ぶことと関わりがあり、頼政の墓や塚は、漂泊の巫覡らが負ってきたヨリマシの神を祀った場所であり、それゆえに、諸国に外来の神の土着をものがたる口碑として数多く残っているのだ、とされる。

ここでの柳田の手法はやはり固有のものであった。伝承や口碑を素材にして歴史を織りあげてゆく方法の危うさと魅力が、あらわに覗けている。自分は事々しい固有名詞を信ずるだけの勇気がない、そう、文献史学が届かぬ世界に降り立っていることの強烈な自負とともに、柳田は書きつけている。柳田の方法はいわば、伝承のなかの固有名詞を常民の歴史が堆積する普通名詞として読みほどこうとする意志によって、その根柢を支えられていた。『史料としての伝説』の方法がここにも生きている。

巫女という階級の出自

「巫女考」ではさらに、巫女と遊女の関係が語られている。古くは熊野と伊勢を拠点に布教活動にしたがった、熊野比丘尼とよばれる巫女の一群がいた。中世も末にいたると、その巫女たちはしだいに、物乞いや売色をもっぱらにする勧《かん》進《じん》比丘尼・歌比丘尼へと零落していった。こうした巫女をめぐる歴史を念頭におきながら、柳田は大胆にも、遊女はまた一派の巫女であったと断言してみせた。春を販《ひさ》ぐことは、巫女にとってはそれなりに由緒のある生業《なりわい》のひとつであり、近世にいたって生じた堕落現象といったものではない。キミは遊女の雅名にして、また巫女の総称でもあった、と柳田はいう。このとき、たしかに日本における巫女史の探究は、大きな飛躍の可能性と、それゆえにまた豊かなる混沌にむけて拓かれていったといえるはずだ。

「結論」と題された終章からは、柳田の巫女論の射程と深度を推し測ることができる。いくつかの残された問題がある。第一に、なぜ多数の巫女が一処不住の旅の境涯へと出立してゆくことになったのか。巫女の漂泊の起源である。第二に、巫女の血筋はどこを本貫とするのか、列島の内か外か、いずれの地方か。巫女という階層ないし集団の出自が問われねばならない。

漂泊の起源をめぐって。古代の文献からは、巫覡の徒が移動や漂泊をつねとしていた痕跡は見いだしがたい。ところが、武家支配の時代になると、神に仕えたらしい遊行の女たちが東西の官道の要衝に姿を見せはじめる。そうした遊行の女たちのいる光景は、ほぼ一千年のあいだ続いた。そこにはいかなる背景が秘されているのか。柳田はいう、これを明白にできなければ、たんに一編の「巫女考」が完成せぬばかりか、われわれの文明史にも理解がゆき届かない、なぜならば、多年にわたり国民の信仰を繋いできた村々の小さな社《やしろ》や祠、庵や堂といったものの多くは、巫女や聖《ひじり》のもっとも盛んに移動していた武家時代の中頃に、かれらの仲介によって新たに創られたものであったからだ、と。

また、巫女の出自をめぐって。末尾の一節で、すくなくとも出自が国内か国外かの問いに関しては、柳田の答えはストレートに出されている。

日本の巫女と云ふ階級は、社会組織の然らしむる所、一時人為的に出来上つた国民の中の一分派に過ぎない。其《その》特種の職業を廃すれば再び百姓の中に混入して了《しま》ふのは寧《むし》ろ其当然の権利である。仮に前代に於て其中心となつた少数の人物が外来の異民種であつたとしても、其血は早くから混合して其純を保つては居ない。箇々の地方に就いて言へば、比較的早く来て住んだのが只の農民となり、おくれて来た者の一部分が此部類として良くも悪くも別異の階級と考へられたに過ぎぬ。而して其中最も永く旅の生活を続けて居た者が最も不幸であつた。農作以外の手段で生活を支持する為に色々の業をした。利用すべき田舎の迷信が無くなると食ふ為に悪いことをして憎まれた。併《しか》し彼等の過去は誠に変化に富んだ経歴であつた。巫女と云ふ階級が無かつたら我邦のフオクロアは淋しいものであつたらうと思ふ。

巫女という階級は、仮りに前代において中核となった少数の者らが「外来の異民種」であったにせよ、その純血性は早くに失われており、国民のなかの一分派をなすにすぎなかった。土着と帰農が遅れた部分が、よそ者を忌避する定住農耕民によって異なる階級のごとく見なされたのだ、といえるだろうか。あきらかに柳田はこのとき、明治四十年代のいくつかの論考に見られた、「帰化の巫覡」という視座、いわば巫覡や巫女の出自を列島の外部にもとめる仮説を内側から喰い破り、乗り越えることに成功している。被差別部落の異人種説が「所謂特殊部落ノ種類」のなかで否定されたことには、すでに触れた。

農村生活誌と民俗学のあいだ

巫女の根源はたいへんに深い、その歴史を解き明かすことは「日本文明史の大なる鍵」である、と柳田は南方宛ての書簡に書いた。巫女に関する考察はしだいに醸成されてゆき、やがて「巫女考」に結実した。その「巫女考」に書き留められた、巫女という階級がなかったら、わが国のフォークロアは淋しいものであったろう、という物言いはたんなる感傷の呟きでなかった。

「所謂特殊部落ノ種類」には、「非人」の職業の沿革をあきらかにすることは民間信仰史の任務であるという、強い調子の言葉があった。これらの言葉の破片《かけら》は孤立していない、深い場所でたがいに響き合っていたものだ。柳田の漂泊民にたいする眼差しには、好事家《ディレッタント》的な色合いはきわめて稀薄だ。柳田はそれを「現在の事実」としていかにひき受け、いかに根柢から結ぼれを解きほぐすことができるかに腐心していた。

南方への書簡のなかには、「巫女考」のごときもわれわれが意味する地方誌の重要なる一部門なるのみならず、という興味深い一文があった。じつは、この直前に交わされた書簡のなかで、柳田と南方は『郷土研究』の編集方針をめぐって激しい応酬をしている。柳田は『郷土研究』を「民俗学」ではなく、「ルーラル・エコノミー」を主体とする雑誌であると位置づけた。それにたいして、南方はこう反論する、『郷土研究』に「制度経済」に関する論文少なく、まったく民俗・古伝統の資料報告ばかりを載せているのは、はなはだ名義に背く、「貴下まず「巫女考」を中止し、制度経済の論文を巻頭に隔月くらいに一つずつ出されたきことなり」と。

南方のこの長文書簡は、柳田自身の手で『郷土研究』に分載され、そこに「南方氏の書簡について」と題する柳田の文章が附された。「民俗学」がいまだ自明な像を結んでいない、大正初年の柳田／南方を取り巻く知の状況といったものが、この論争の背後からは生き生きと起ち上がってくる。

たいへん根柢的《ラディカル》な瑞々《みずみず》しい論争であった。「民俗学」を拒んだのが柳田であったことは、幾重にも示唆に富んでいる。拒まれたのは西欧からの直輸入の「民俗学」であり、柳田はそれにたいして「ルーラル・エコノミー」なる言葉を対置した。南方はそれを「制度経済」「地方経済制度」と訳し、柳田はみずからの真意を、「もし強いて和訳するならば農村生活誌とでもして貰いたかった」と表現した。ここに覗けている微妙なズレと隔たりは、柳田／南方のあいだの資質と志向に孕まれた、ある越えがたい異和の風景をよく物語っている。

「民俗学」以前の、この段階の柳田の志向は、たとえば以下の「南方氏の書簡について」の一節に鮮やかに示されている。

> しかし、あの「巫女考」などはずいぶん農村生活誌の真只中であると思いますが如何ですか。これまで一向人の顧みなかったこと、また今日の田舎の生活に大きな影響を及ぼしていること、また最狭義の経済問題にも触れていることを考えますと、なお大いに奨励して見たいとも思いますが如何ですか。……ただ「平民はいかに生活するか」または「いかに生活し来たったか」を記述して世論の前提を確実にするものがこれまではなかった。それを『郷土研究』が遣るのです。たとい何々学の定義には合わずとも、たぶん

後代これを定義にする新しい学問がこの日本に起こることになりましょう。

（『柳田国男　南方熊楠　往復書簡』）

『郷土研究』は農村生活誌を主眼とする、それは平民はいかに生活するか、いかに生活してきたかを記述するものだ、いまはまだ学問としての定義には合わぬ試みではあれ、やがてこの農村生活誌は新しい学問として起こるだろう、そう、柳田はいう。その新しい学問が、柳田自身によって「民俗学」と名付けられることになるなどとは、むろん、このとき誰一人として知る者はいない。

さて、わたしの関心は、柳田が「巫女考」などはほかならぬ農村生活誌の真っただ中である、と語っていたことだ。後年の、柳田の手で体系化＝確立された「民俗学」が排除した漂泊の民や被差別の民、その代表ともいうべき巫女が、そこでは主役を演じている。平民はいかに生活するか、生活してきたか、その平民のなかに巫女や毛坊主が含まれることは、おそらく想定して誤りではあるまい。昭和十年の『郷土生活の研究』（筑摩叢書版）の、諸道・諸職や被差別部落を排斥した普通の農民＝常民という定義とは、いかにも好対照をなすといえるはずだ。

それにしても、大正初年の農村生活誌が二十数年の歳月をかけて「民俗学」へと成りあがる過程で、いったい何が排除されたのか、そのために農村生活（↓民俗）のイメージはいかなる変容を蒙ることになったのか。柳田の前期思想のほの昏がりから掘り起こすべき可能性の鉱脈、その一端は、確実に、そうした問いの周辺に埋もれている。

柳田学も、柳田の「民俗学」も、ともに自明なるものとして眼前に転がっているのではない。柳田国男なる手垢にまみれた思想を、揺らぎのなかへ投げ返してやることだ。「巫女考」は農村生活誌の真っただ中である、「非人」の職業の沿革をあきらかにすることは民間信仰史の任務である、と言い切った柳田が、「民俗学」のはるか以前の場所にいたことだけは間違いあるまい。だからこそ、巫女という階級がなかったら、わが国のフォークロアは淋しいものであったろうという呟きも洩らされた、そこには感傷による曇りはない。

三、「毛坊主考」／ずっと大昔の巫覡生活の因習が無意識に残留して居る

「巫女考」から「毛坊主考」へ

はじめは高木敏雄の協力を得て、のちには柳田の単独編集となり、『郷土研究』は四年間にわたって刊行された。柳田の前期思想の核にあったものは、この『郷土研究』のなかに凝縮されたかたちで見いだされる。柳田がこのときもっとも精魂傾けて取り組んだのが、

「巫女考」／「毛坊主考」という二つの連載論考であった。

巫女の根源を知るためには、それと対をなす毛坊主の考察に赴かねばならない。「巫女考」から「毛坊主考」へ、それは柳田にとっては自然な道筋であった。そして、ヒジリと本願寺の由来をあきらかにしようとした「毛坊主考」が、まさに被差別部落の発生を辿る道行きにほかならなかったことを知る必要がある。この作業はのちの「俗聖沿革史」（大正十年、定本第二十七巻）に引き継がれ、そこで唐突に幕を閉じた。それ以降、ふたたび被差別部落にかかわる論考が公けにされることはなかった。

『郷土研究』創刊号から一年間にわたって連載された「巫女考」が、日本の民間信仰史に残された女性宗教者、いわば「巫女と云ふ階級」の埋もれた歴史を掘り起こすことをめざしたものであったとすると、「毛坊主考」はそれと対をなす男性宗教者、つまり「ヒジリと云ふ種族」の足跡を辿ったものといえるだろうか。「毛坊主考」は「巫女考」の跡を追って、『郷土研究』誌上に、大正三（一九一四）年から翌年にかけて連載された。柳田の漂泊の民にたいする関心の実質的な頂点をなすのが、まるで性を異にした双生児のような論考「巫女考」／「毛坊主考」であったことには、異論はあるまい。

この二つの著作が『郷土研究』という雑誌全体に占める比重は、「山人外伝資料」をはじめとする山人研究などよりはるかに大きかった気がする。問題の拡がりと可能性において、また深刻さにおいて、そのことはいえる。山人論が漂わせる甘やかなロマンの香りからは遠く、漂泊の民をめぐるテクスト群は、逃れがたく重い「現在の事実」に緊縛されながら鈍い軋みの音を発している。

「毛坊主考」は本願寺や被差別部落をめぐる問題の解明をめざすものだ、と柳田がくりかえし言明していることに、あらためて注目したい。柳田にとっては、「踊の今と昔」「「イタカ」及び「サンカ」」「巫女考」、そして「所謂特殊部落ノ種類」と書き継がれてきた漂泊の民ないし被差別部落に関する考察の、とりあえずの到達点ともいえるのが、この「毛坊主考」であった。ところが、柳田による「日本の漂泊人種」の研究の根っこには、避けがたく見えにくいタブーの枷《かせ》が絡まりついてくる。「毛坊主考」はそれをいやおうなく白日のもとに晒した。そこに、「毛坊主考」以後の挫折はあらかじめ胚胎されていたのである。

挫折を強いることになったタブーとは何か。柳田自身が、「毛坊主考」や「俗聖沿革史」を再刊しない理由を問われて、それらが本願寺の成り立ちに触れ、また皇室にも関係があるからだと語ったというエピソードが知られている。しかし、実際には「毛坊主考」や「俗聖沿革史」だけではない、「「イタカ」及び「サンカ」」や「巫女考」、そして「所謂特殊部落ノ種類」もまた再刊されなかった。いや、明治末年から大正期にかけて精力的に書かれた漂泊の民や被差別部落にかかわる論考が、ほぼ例外なしに単行本に収録されぬままに封印されつづけたのだった。そこにはたぶん、本願寺という問題をはるかにこえて、被差別部落と天皇制にまつわるタブーが幾重にも絡みついていたのではなかったか。

漂泊の民や被差別部落の系譜を辿っていったとき、天皇制との秘められた関わりの歴史が浮上してくることを、柳田はいつからか深く自覚していたのだ。木地師の惟喬親王伝承とはかぎらず、鋳物師・盲僧・河原者・遊女・サンカといった、漂泊の民や被差別の民の多くは、みずからの出自や職掌のはじまりを天皇・皇子・皇女らとの繋がりにおいて説く伝承群を携えていた。柳田の射程に、それら職人由緒書のなかの天皇伝説が入っていたことはあきらかである。絡みつくタブーの根は思いがけず深いものであった。

日知と天皇、そして毛坊主

「毛坊主考」（定本第九巻）は、日本における「ヒジリと云ふ種族」の埋もれた系譜を、蛇行する独特の文体で辿りつつ浮き彫りにしてゆく。柳田がヒジリ＝毛坊主という呼称のもとにおさめようとしたのは、鉦打《かねうち》・鉢屋・茶筅《ちゃせん》・ササラ・説経・琵琶法師・地者《じしゃ》・願人《がんにん》、そして夙《しゅく》の者・餌取《えとり》・歌舞伎の輩といった、多種多様な人々である。かれらが仏法の因縁からいつしか離れ、常民とは異なった職業団体を作らねばならなかった成り行きをあきらかにすることが、モチーフの核にあったものだ。

毛坊主とは何か。公けには僧侶として認められない有髪・妻帯の世俗の宗教者、とりあえずはそれが毛坊主である。山村をはじめとする辺土の地には、寺が不足していた、僧侶の訪れもなかった。死者の供養を果たすためには、とにかく三途の川の通行手形を発行する機関だけでも必要だ。たとえ官製の僧の定義からははずれる贋物や未成品であろうとも、葬礼・法事の節にはわずかばかりの経でも読める者がいたほうがよい。だからこそ、毛坊主の移住と定着が促されることになった、と柳田は推測する。そして、それら毛坊主の置かれた寺つまり俗道場には、本願寺派の末寺を号する例が多かったのである。

髪の毛の有無で世俗／出家を分かつなど、常民の生きられた現実からすれば大した意味はなく、民間信仰史の研究にとっても些末なことだ、そう、あえて断言してはばからぬ柳田にして、はじめて毛坊主なる存在を発見することができたのだ、と思う。毛坊主を固有の問題として発見したのは、疑いもなく柳田国男その人である。

さて、柳田によれば、毛坊主の前身はヒジリであった。すでに明治四十四年の「踊の今と昔」（定本第七巻）のなかでは、有髪であるか否かで民間の宗教者を分類することの非が説かれ、ヒジリと毛坊主の関わりもまた示唆されていた。ヒジリから毛坊主への変化のプロセスを追う必要がある。

ヒジリの名称の起源は仏教以外のところにある。ヒジリは日を知る人、つまり日知《ひじり》の義であり、日の善悪を卜し、日の性質を熟知してこれに相応する行動をとり、また巫術や祈禱をもって日の性質を変更する者を意味した、と柳田はいう。古代に日祀部《ひまつりべ》・日置部《ひおきべ》などが置かれたことは、記録にも見える。日知はそれらの部曲の人々の名ではなかったにせよ、日の性質に通暁することがとりわけ大切な職掌と考えられたために、聖者ないし仙人のようなすぐれた人格の表徴《しるし》として日知の名が冠されたのである。

ヒジリには聖の字が宛てられた。古代には天皇がまた聖帝（ヒジリノミカド）と称された。これはしかし、聖天子などの漢語の直訳であり、天皇をヒジリと唱えたことはない、と柳田はいう。天皇は新羅の王のような、風雲を卜し、あらかじめ水旱《すいかん》や作物の豊饒を知るといった日知＝ヒジリ的な存在ではなかった、と考えていたらしい。あるいは、天皇が毛坊主のごとき者の元祖と共通の名というのは畏れ多いことだが、それは平民が上古の文学などとは没交渉であり、それゆえ天皇が聖帝＝ヒジリノミカドと称されたことを知らなかったことを示すものだ、ともいう。

柳田は何かをひどく怖れている。それはいわば、聖＝ヒジリの語に引きずられて、天皇と毛坊主の祖とが同一視されるような解釈があらわれることだ。その怖れはだが、逆のことをただちに想像させる。たとえば、毛坊主と天皇とが一枚の起源の風景からの分かれであることを、柳田の眼差しはこのとき深く捉えていたのではなかったか。それゆえに、ヒジリという語の発生において交錯する毛坊主／天皇のあいだに、切断線が引かれねばならなかったのだ。フレイザーの『金枝篇』によって、柳田は確実に、さまざまな民族の古代や未開の王たちがまさに日知＝ヒジリであったことを知っていた。古代日本の王である天皇だけが例外であろうはずもなかった。

のちにはヒジリに被慈利や非事吏の字が宛てられるにいたる。ヒジリに宛てた聖という文字があまりに立派であったために、勢力ある名僧たちに横取りされ、本家・本元のヒジリたちが遠慮をして安物の文字を用いるようになった。が、どんなに文字のうえで差別を作っても、ヒジリはことごとく昔の日知の退歩したものである、と柳田はいう。日知から聖へ、さらに被慈利や非事吏へと、ヒジリの初源の姿はしだいに忘却されながら、そのまとう衣裳だけが移ろってゆく。そこに、ヒジリから毛坊主への零落の歴史が重ね合わせにされるとき、いかなる異相の風景が開かれてくるか。

毛坊主または境の民の誕生

古代の日知＝ヒジリの末裔たちは、やがて念仏の教えと出会い、阿弥陀聖としてのあらたな誕生を果たす。天慶《てんぎよう》年間（九三八〜九四七）の頃、空也念仏の徒による教化ののちのことだ。むろん、そのはるか以前から、鹿の角の杖を突き金鼓を叩いて各地を巡歴してあるいた、「ヒジリと云ふ種族」は存在した、と柳田は考える。中世になると、空也・一遍の流れをくむ遊行派が活躍する。その伝導方法は独特であって、半僧半俗のヒジリという階級を利用し、これを仲介者として農民の念仏団体を勧誘・奨励するものだった。関東には時宗派に属する鉦打と呼ばれた毛坊主が、数多くいた。

中世から近世にかけて、古代の日知＝ヒジリの裔《すえ》の毛坊主たちは、さらに多様な展開をみせる。東の鉦打／西の鉢叩が、ひとつの「日知階級」の分かれと位置づけられた。成り立ちや生活状態などに、一定の類似が見られるが、鉦打が一遍の系譜につらなる時宗の徒であるのにたいし、鉢叩は空也の流れをくむ天台宗の一派であるところに、大きな相違が見いだされる。とはいえ、鉦打と鉢叩は阿弥陀聖のふたつの系統をなすもの、そして、毛坊主の一類と考えられた。御坊《おんぼう》・茶筅・ササラすり・説経師といった人々もまた、中・近世における日知＝ヒジリの裔の毛坊主に数えられている。

柳田はそうして、種々雑多な人々を毛坊主という一枚の図柄のうえに配してみせた。これら毛坊主が放浪から土着へといたる過程に、じつは思いがけず斬新な風景のひと齣が浮かびあがる。毛坊主の境の民としての姿である。

鉢叩や鉢屋のハチの語源について、柳田は次のように説く。すなわち、ハチとは端＝境の意であり、この徒を村境に置いて悪霊の祭却に従わせたために、かれらをハチないしハチ屋と名づけることになった、と。あるいは、夙の者を古代律令制下の守戸《しゅこ》の子孫と見なす通説的な理解を退けつつ、それは谷の者・野の者・山の者・坂の者・河原の者などと同様に、シュク（夙・宿）に棲む者の義である、という。そのシュクはハチと同じく、郡邑の境やはずれを意味したとされる。さらに、被差別部落や諸道の家で祀られるシュクの神＝宿神は境の神であり、その人々がシュクという境に棲んだために起こった神名である、と柳田はいう。守宮神を祭神とする琵琶法師は、境の地で地神を鎮める祭りをおこなうことを古くからの職掌としたが、そこにも境界との関わりが窺える。

境に築かれる塚に関しても、たいへん興味深い仮説が語られている。漂泊から定住へ、この、中世末から近世にかけて起こった毛坊主の歴史の転換点に、柳田の眼差しは注がれる。先住の百姓らによる屋敷・田畑地の分割と占有が終わってのちにやって来た、農をなりわいとせぬ毛坊主の群れは、河原・砂浜・荒れ地や陵墓・塚の周辺に居を占めた。そこに毛坊主と塚との関係が生まれた。しかも、諸国に多い念仏塚・山伏塚・聖塚などは、毛坊主が塚の神を祀る信仰を村々に広めあるいたための命名であったかもしれない。いわば、境に築かれた塚では、塚の神や竈の神の祭りがおこなわれ、それに関与した毛坊主やヒジリの一部はやがて、その境の地に定着した、そう、柳田は想像を巡らしたのだ。

境の民の誕生である。近世的な差別の発生も二重映しにされる。柳田はおそらく、中世のヒジリや毛坊主が漂泊から定住へと移りゆくはざまに、境の民としての、さらには被差別の民としての処遇を蒙るようになった、と考えたのだ。個々の解釈については、いくらでも誤りや限界を指摘することが可能だが、これは柳田のまさに独創である。毛坊主と境界の関わりという主題は、ことに魅力的なものだ。柳田の思想の埋もれた一本の鉱脈が、ここに豊かに眠っていることは疑いがない。

鬼と呼ばれる家筋へ

「毛坊主考」の終幕に近く、柳田は毛坊主の発生について論じている。宇佐八幡や石清水八幡、太宰府の天満宮、熊野の新宮・那智などで、多くは社僧と称する党類に妻帯が公認されていたことから推して、何か祭典のうえでの要求があり、特に一定の血統に属する者だけを儀式に参与させる目的から、そうした一派の半僧半俗の人々が発生したのではないか、と柳田はいう。そこで、鬼と呼ばれる特定の家筋と毛坊主との関わりが語られることになる。

> 是《こ》れも御互に当推量は免れぬが、自分をして言はしむれば此種祭式の神秘なる部分に参与する者を古くよりオニと呼び、此者だけは神と一定の関係にある家筋より任命せねばならざりし結果、単に妻帯を黙認せらるゝに止まらず、一歩を進めて肉親の相続者を作るの義務を負はせ、茲《ここ》に大きな顔をして俗生涯を営み得る一派の毛坊主を発生せしめたのでは無いかと思ふ。他の派の毛坊主が頻《しき》りに先祖の貴いことを喋々《ちょうちょう》し、殊《こと》には神社に従属する普通の旧家と共通に、高貴の婦人を以て其第一世と主張したがる風のあるのは、或《あるい》は亦《また》ずつと大昔の巫覡生活の因習が無意識に残留して居るものとも考へ得る。

祭りの神秘なる部分を支えていたオニと呼ばれる人々、かれらは神と一定の関係を持つ家筋であり、そこから妻帯し子孫をもうける必要が生まれ、毛坊主の一派が発生した、と柳田はいう。毛坊主のほかの一派のなかに先祖が貴種の出自であること、また高貴の女性が第一世であることを主張したがる風があるのは、はるかな大昔の巫覡生活の因習が無意識に残っているためではないか、ともいわれる。柳田が「毛坊主考」一編を結ぶに当たって、再確認しようとしているのは毛坊主の発生にまつわる巫覡としての貌であった。毛坊主をはじめとする漂泊の民と天皇伝説との関わりについても、暗に注意が促されている。大昔の巫覡生活の因習という、その毛坊主のかたわらには日知としての天皇の姿が見え隠れしている、そんな気がする。

毛坊主の家筋について語ることは、もうひとつの微妙な問題をたぐり寄せずにはいない。古代の日知＝ヒジリから毛坊主への変容の歴史を跡づけてきた柳田は、最後に念を押すかのように、毛坊主の「団体としての系統」は辿ることができても、「血の系統」を説くことは不可能であると語っている。小さな裂け目が覗けている。前の章に見える、「自分は此迄の数章に於て所謂特殊部落を特殊ならしめた主たる原因は境遇であることを力説したつもりである」といった箇所が思い合わされるところだ。毛坊主が家筋を形成するようになるのは、境の民としての定着後のことであり、差別の発生もまたそこに絡まりついている。そう考えることで、裂け目はとりあえず埋められるが、柳田自身は家筋や「血の系統」をめぐる断層をついに越えることができなかったように見える。

いずれであれ、毛坊主という概念はたいへん包括的なものだ。それは柳田の、ことに前期における方法的な個性が分泌した可能性の種子である。毛坊主という包括概念が設定されたとき、いくつかの微細なパラダイム変換が起こった。第一には、それまで相互に関わりのない雑多な集団に分け隔てられていた人々が、ひとつの群れとして、柳田風にいえばひとつの階級や種族として浮上してくる。第二には、そこに毛坊主なる宗教的な衣裳がかぶせられることで、それらの人々が潜在的に帯びていた宗教者の貌がくっきりと炙りだされることになる。そうして、民間信仰史のあらたな一ページが姿を現わしたのだ。

柳田が仏教嫌いであったことはよく知られている。たしかに仏教の壮大なる教義や観念体系、また教団組織などにたいしては、はなはだ冷淡であったかもしれない。しかし、仏教が常民レヴェルでになった重要な役割までを否定したわけではない。逆に、柳田の眼差しは深々と、教派仏教がいかがわしい不純物として疎外し排斥してきた日本仏教史の一面に届いていたともいえるはずだ。毛坊主という一点から、常民による仏教受容史は読みほどかれていった。そこに漂泊と定住をめぐる構図が重ねられることで、あらたな漂泊の精神史は伐り拓かれた、「毛坊主考」はその記念碑ともいえる論考である。

それにしても、この豊かな可能性に満ちた「毛坊主考」という論考を前にして、わたしは途方に暮れる。これは疑いもなく、柳田の後期思想つまり「民俗学」によって、まるで不義密通の子どもか何かのように拒まれ、忌み遠ざけられてきた漂泊の民をめぐる論考群のなかの、ひときわ高くそそり立つ峰である。「巫女考」などは、それゆえに、「毛坊主考」などはまさに農村生活誌の真っただ中である、と確信をもって言い放った柳田はどこに消えたのか。巫女や毛坊主を遺棄した「民俗学」とは、いったい何者か。

可能性の種子として

平民はあきらかに、常民概念の前身のひとつではあった。しかし、たとえば大正三年の南方への書簡のなかの平民と、昭和十年の『郷土生活の研究』（筑摩叢書版）のなかの常民とのあいだには、ある越えがたい断層が感じられる。昭和初年に見えにくい転回があった。昭和期の常民は、大正期の平民の内側から漂泊の民や被差別の人々を祀り棄てることによって、はじめてごく普通の百姓＝常民なる定義に辿り着いたのだ。漂泊／定住という構図のうえに描かれるはずであった、巫女や毛坊主らのいる農村生活誌は、そうして挫折し、手ひどい傷を負いながら、みずからの拒んだ「民俗学」へと見えにくい転身を遂げていった。

『郷土生活の研究』の柳田は、常民を普通の農民として規定し、村の構成分子として、上層の重立・大家／中間の常民／下層の諸道・諸職や被差別部落の三つをあげた。もはや諸道・諸職や被差別の民は平民、いや常民には含まれない。皇室をも常民概念の内側に包摂せんとした、後期の柳田を前にするとき、上方への成りあがりの志向を剝きだしにした常民とそれら漂泊する人々とが、まるで相容れぬ存在であったことは否定しがたい。

それにしても、明治・大正期の柳田にとって、漂泊／定住にまつわる問題、そして漂泊する人々をめぐる問題は、あきらかに主要な関心のひとつであった。たんなる歴史のなかの痕跡といったものではなく、列島の大きな歴史にかかわりつつ、しかも、あくまで「現在の事実」として問われるべきたいせつな課題であった。巫女や毛坊主や被差別の民が、柳田の志向する農村生活誌の記述にとって、核となるテーマでありえたのは、むろんそのためだ。漂泊する人々を捨象した平民や常民の歴史などありえない。それが柳田の思想の、すくなくとも前期における固有の場所であった。

柳田はそこで、非農耕的な生業にしたがう多種多様な、中世には職人の名において一括された人々を、賤民や被差別民としてではなく、漂泊の民の群れとして位置づけ、漂泊／定住の移りゆく歴史的なダイナミズムのなかでのみ語る姿勢をつらぬいた。たとえば、被差別部落はインドのカースト制度のような、先天的な身分や階級の制度ではない。列島のあらゆる被差別の民の系譜は、古代の身分制度が分泌した餌取や守戸といった賤身分を起源とするのではなく、また、異人種や外来の種族ゆえに負わされた特異な歴史にはじまるのでもない。かれらの集団や群れとしての系譜を辿ることは可能であっても、カーストのごとき血の系統を説くことはできない。いわば、かれらに向けられる差別の眼差しには、いっさいの先天的ないし実体的な根拠が存在しないということだ。そうして、差別や賤視の無根拠性が論の起点に置かれた。

それでは、日本的な差別はいかに発生したか、被差別の民の起源はいつであったか。柳田によれば、それは漂泊をつねとした人々が一定の土地への定住を志向しはじめたとき、その、漂泊から定住へと移りゆくはざまに発生したものだ。柳田の想定していたのは、中世も末に近くから近世にかけての時代であろうか。漂泊民に括られる人々のなかでも、その定住に移行する時期は、それぞれの職掌や集団がかかえこんだ条件に応じてさまざまであった。サンカと呼ばれた集団の土着はとりわけ遅れ、そのために、かれらは近代社会のなかで、不幸にも犯罪者の群れのように見なされるにいたった。しかし、河原や山間の無主の地を択んで漂泊の暮らしをつづけた、このサンカこそが、被差別の民のもっとも古い生活様式を持ち伝えた人々である、と柳田はいう。

漂泊する人々がある土地に定住をはかるとき、先住の農耕にしたがう人々が許しあたえたのは、例外なしに村はずれの河原や湿地のような農耕に適さぬ空閑地であった。被差別の民の呼称には、その痕跡が数多く見いだされる。それがいずれも境界性を刻まれた呼称であったのは、むろん偶然ではない。漂泊の民から境の民へ、これが柳田が描いてみせた漂泊から定住へと移りゆく歴史の底に沈められた、一枚の大きな見取り図である。

土地をなによりも至上の価値とする頑迷な観念に縛られた定住農耕民には、よそ者にたいする忌避と排斥の態度が根強く、村はずれに棲みついた新来の移住者への差別が生まれた。差別／被差別の関係それ自体が、土地に拠らず生きてあった非農耕の民が、漂泊から定住へとその生活様式を劇的に変化させてゆくはざまに発生をみた、歴史的な所産であり派生物にすぎない、そう、柳田は考える。

　ところで、それら漂泊する人々と定住農耕の民とのあいだに、村はずれへの定着とともに差別／被差別の関係が生まれたとすると、それ以前にはいかなる交通が結ばれていたのか。まったく位相を異にする相互的な交通が存在した、と柳田はいう。あらゆる漂泊の民に宗教性が認められた。かれらが携えるものが、呪《まじな》いの札や祈禱・占いの術であれ、芸能であれ、技術であれ、そのほかの何か無形の文化であれ、そこには何らかの宗教性がまといつき、それを定住農耕民の世界にもたらすがゆえに、一方通行的な施す／施される関係をこえた対価交換＝交易もまた、持続的に可能とされたのである。

　柳田の漂泊民論の核にあったものは、ひとつは、漂泊／定住の織りなす歴史的なダイナミズムにおいて、平民はいかに生活してきたか／いかに生活するか——、つまりは農村生活誌を全体的《トータル》に記述しようとする志向である。そして、いまひとつの核をなしたのが、漂泊する人々と宗教との複層的によじれた関わりへの眼差しであった。

　ことに注目されるのは、毛坊主やヒジリの一群が職掌の第一義ではないにせよ、亡魂の鎮めと死穢の浄めとを、死者たちの祟りを畏れる常民によって託されたもっとも重要な職務のひとつとして担ったことだ。かれらが穢れた民であったからではない、ある種の宗教的な呪力を帯びた者にしか果たしえぬ、それは困難な役割であったからだ。死穢にたいする忌避の感覚を無化してゆくことが、差別という問題そのものを浄化するための、もっとも根柢的《ラディカル》な方法となる、そう、柳田は考えていたが、その試みは「俗聖沿革史」（大正十年）の途絶をもって拋棄されてしまった。

差別や賤視を自明性のなかに囲い込むことで、被差別部落を「特殊」とみなす観念や思想が不断に再生産されてゆく。それを根っこから突き崩すことこそが、柳田がひそかにめざしたものだ。そのためには、差別の発生してくる生きられた現場に降り立ち、それを歴史的に、可能なかぎり解き明かす必要がある。この作業をつうじて、問題としての差別、あるいは被差別部落それ自体を解体＝無化することが、柳田の漂泊民論を支えた根柢のモチーフではなかったか。

とはいえ、柳田のこうしたひと連なりの試みはその半ばにして挫折し、漂泊する人々への関心そのものがいつしか、あいまいに表層から沈められていった。天皇制と被差別部落にかかわる厳しいタブーが、陰に陽に影を落としていることは、たやすく想像されるところだ。柳田の試行錯誤にみちた漂泊民論には、いくつもの誤謬や限界が含まれる。時代的な制約もあった。しかし、わたしはその試みの先駆性と、そこから拓かれてゆくかもしれぬ新しい差別論の地平にこそ、ある可能性を託したいと思う。

第四章

北の異族、南の同朋

アイヌの木幣《イナウ》(中山町歴史民俗資料館蔵)

一、『海南小記』／我々は曾て大昔に小船に乗つて、この海島に入込んだ

北／南をめぐる眼差しの揺れ

明治・大正期の柳田にとって、山という場所が豊饒なる想像力の培養器の働きをなしていたことには、すでに第二章で触れた。それにたいして、思想の場所としての海が浮上してくるのは、大正十（一九二一）年の沖縄への旅の前後であった。この山／海をめぐる問題群は、そのままに北／南の方位における対比の構図に重なっている。おそらくはそこに、柳田の思想が生涯にわたって身に帯びていた個性を見て取ることができる。たんなる偶然ではない。北に向かう視線は列島の山々の襞深くに入り込んでゆき、逆に、南に向かう視線は列島をとりまく海、それもひたすら南西の方位を志向しつつ伸び拡がってゆく。柳田の眼差しは北にたいして閉ざされ、南にたいして開かれている。低い呟きの声が谺《こだま》している、日本人とは何か、日本人はどこからやって来たのか……と問いかける声だ。北／南の構図は、その声の促しによってあらかじめ確定している。ことに、大正末年に山人への訣《わか》れが果たされたとき、それははっきり宿命的に定まった。

山々に向かう眼差しの運動は、そのはるかな深みに、列島の先住異族としてのエミシやアイヌをめぐる問題を沈めながら、北へ／北からの比較民俗学的な試みを孕むものとしてあった。それにたいして、海に向かう柳田の眼差しには、南の匂いが濃密に漂う。ここでは、南へ／南からの比較民俗学的な志向が、日本人の起源にまつわる問題と微妙に絡みあいながら、しだいに浮かび上がってくる。南方は異族の地ではない、我々＝日本人にとっては源郷の地である。おそらくそれが、柳田国男という思想の根っこに横たわる懐かしい原風景であった。

だからこそ、異族のいる北の風景に分け入ってゆく柳田と、日本人の源郷としての南の島々を訪ねあるく柳田とは、あきらかに異質な貌をしている。それにしても、明治・大正期の山人の消息を求めつづけた柳田にとって、北へ／北からの比較民俗学の試みはたいへん切実な課題ではあった。柳田の知の軌跡のなかで、その北へ／北からの眼差しが消失してゆくのは、昭和三年から五年にかけての時期である。鮮やかな切断線が引かれ、山人・エミシ・アイヌといった一群の異族に括られた人々は、遠く北辺の闇の彼方へと放逐された。それと相前後して、南をめぐる諸問題が表舞台に姿を現わす。南が北の息の根を止め、駆逐した構図といってもよい。

とはいえ、南への志向はすでに早く、明治四十（一九〇七）年頃には見え隠れしている。南の島々、沖縄への関心の芽生えが見られた。この頃から、柳田は沖縄に関する本を読みはじめている。沖縄からの来訪者に話を聞く機会も増える。沖縄の人・伊波普猷《いはふゆう》と出会い、『古琉球』三冊を寄贈されたのも、この頃のことだ。

「島々の話 その二」(明治四十三年、定本第一巻)に見える以下の一節など、明治末年の段階における柳田の沖縄文化観の一端を窺わせており、関心をそそられるものだ。柳田はいう、沖縄の諸島は太古の植民地であるから、今となってはかえって風俗や伝説のなかに、内地と共通な部分を探さねばならないくらい変わっている、と。太古の植民地であった、という。古代七、八世紀の、ヤマト王権の編纂した史書に見える、沖縄の島々からの帰化・朝貢の記録を指すのだろうか、それとも、柳田のなかには、さらに古い時代の日本/沖縄の交通する風景が結ばれていたのか。

それにしても、ここに覗けているのが、日本人/沖縄人の民族的な起源を同一とみなす日琉同祖論的な眼差しであったことは、想像して誤りではあるまい。このとき柳田が浮かべていたのは、いずれであれ、古代のある段階に沖縄の島々に定住生活を営むようになった人々は、列島の日本人の分かれである──という先験的なイメージではなかったか。それゆえ、そのあとに続けて、こんな一文が配されることになる、今となっては風俗や伝説の内地と共通な部分を探さねばならぬほどに、沖縄の島々は変わっている、と。

いまだ間接的な見聞をつうじてしか沖縄の文化に触れていない、この時期の柳田が、日本/沖縄のあいだの共通性ではなく、もっぱら異質性に眼を奪われていたらしいことは、なかなか興味深いことだ。やがて、柳田は共通性の掘り起こしへと転じてゆくだろう。そのためには、十年間ほどの発酵するゆるやかな時間が必要とされた。そして、柳田が最初にして最後の沖縄への旅に出たのは、大正九（一九二〇）年の暮れのことであった。

蒲葵の樹のある風景

柳田にとって、その沖縄への旅はいったい何を意味したのか。柳田は南の島々で何を見たのか、何を聞いたのか、そして、何を発見したのか。『海南小記』（定本第一巻）を読むかぎり、旅の主題はたったひとつだった。日本文化と沖縄文化とのあいだの異／同を問い、その連続する相を宗教・習俗・伝承のなかに探り、くりかえし確認しながら、やがて沖縄を古代の日本人の分かれ、同朋の島として発見してゆくことだ。とはいえ、発見はおそらく沖縄への旅の以前にあった。だから、現実の旅はむしろ、あらかじめ見いだされた南の島々の風景に懐かしく触れ、再認の手続きを周到に踏みながら、明らかな輪郭をもとめて足掻《あが》いている仮説の群れを大きな発見へと導いてゆくプロセスであった。

『海南小記』に収められた「阿遅摩佐《あじまさ》の島」は、そうした柳田の旅のありようを比較的あらわに晒している。いたって奇妙な講演の筆記である。この旅では最初から、ビロウの実、コバの実と口癖のように唱えながら、島々を巡った、という柳田自身の言葉そのままに、ひたすら退屈な蒲葵《くば》の話に終始する。柳田のモチーフが明かされるのは、講演もようやく後半部にいたってのことだ。

　誠に閑人の所業のやうに見えますが、此《かく》の如く永たらしく、コバと我民族との親しみを説きますのも、畢竟はこの唯一つの点を以て、もと我々が南から来たと云ふことを、立証することが出来はしまいかと思ふからであります。

　日本人は南から来た、それを立証するために「コバと我民族との親しみ」を説いてきたのだ、と柳田は語る。平安の昔、都の貴族のあいだで、白く晒したビロウ（――蒲葵を誤まって呼んだものか、と柳田はいう）の葉で飾った牛車が流行したのをはじめ、蒲葵は古い時代から、食物を盛る器・団扇・笠などに用いられてきた。蒲葵は南の島々の産物と思われがちだが、西南日本の海岸や島に蒲葵やビロウを冠された地名が数多くあり、その成育分布はかなり広かった。この植物は意外にも、我々の祖先の生活と今よりはるかに親しかったのである。葦原の中つ国に久しく住み着いてのちまでも、コバはなお我が民族に属した樹木であった、と柳田は語っている。

　蒲葵ははじめから日本に固有の樹であった――、それが島巡りの旅の以前からの柳田の認識の核である。旅のさなか、柳田は蒲葵について人々にくりかえし問いかけ、眼を凝らしつづける。南九州では、それは多く神の社の地に見いだされた。沖縄本島の蒲葵はほとんどみな御嶽《ウタキ》の茂みのなかにあり、この樹を遠く望んで御嶽の存在を知るほどであった。そうして柳田は、蒲葵が西南日本／沖縄において、ともに神の森に植えられる樹であることを確認する。

本土《ヤマト》の今日における信仰と、沖縄に見られる「島の神道」とのあいだには共通するものがあり、南の島々にはそれがよく保存されているという仮説が、はじめに存在する。その仮説を立証するために、蒲葵の樹がひとつの材料として択ばれる。沖縄への旅のなかでは、蒲葵のある風景が丹念に辿られ、本土と沖縄とで根っこをひとしくする、蒲葵にまつわる信仰や習俗が浮き彫りにされてゆく。仮説の一端がそうして再認される。

たとえば、八重山の島々には、ニイル人やマヤの神と称される蒲葵の葉で身を覆った神が、ニライカナイの常世から人の世界を訪れる、一年に一度の祭りがある。この八重山の祭りと本土の、たとえばナマハゲのような来訪神習俗との連続性を、柳田はくりかえし説いた。そこには「同じ慣習の記憶」が横たわり、「元は一つ」であった、という。いわば、祭りに携わる者が身にまとう蓑笠は、ただの人が神に代わって踊り舞うために、みずからを現世と遮断し心霊を浄《きよ》く高くしようとした素朴な信仰のもとの形であり、そこに蒲葵の葉の力が働いていた、と柳田は考えたのだ。

それでは、本土／沖縄には、なぜ根っこを共有する信仰・習俗が生きられてあるのか、どちらが先なのか。日本人はどこからやって来たのか。それらの谺する問いの向こう側からは、やがて、我々＝日本人は南から列島に渡来したという仮説が、炙りだしのように姿を現わす。いまだ萌芽の段階に留まっている仮説だ。が、すくなくとも柳田自身にとっては、すでに確固たる確信に裏付けられた仮説ではあった。

我々＝日本人にはかつて、南の島々に暮らし、蒲葵を神の樹として祭りをおこなった時代があった。それから、大きな北方の島々への移住が開始され、南の島に残留する同朋たちとのあいだに訣れが果たされた。しかし、北に移り住んだ我々＝日本人は、幾世紀も経たのちの世まで、蒲葵の記憶を失うことなく、遠くその葉を求め愛用しつづけた。このあたりが、柳田のささやかな仮説の輪郭といったところであろうか。「阿遅摩佐の島」とは、蒲葵の樹をめぐる幻想が分泌した、美しい、のどやかな一編の物語であった。これと同じ物語がはるかに混濁した形で、『海南小記』に収められた、ほかの論考のなかにも通奏低音のごとくに反復されている。

発見された同朋の島から

本土《ヤマト》と沖縄のあいだの大きな繋がりの風景は、いかに掘り起こされたか。生活習俗から信仰・伝承・言葉にいたるまで、柳田の叙述はじつに多岐にわたり、しかも紀行という制約もあって断片的なものばかりである。ここでは、そうした風景を訪ねあるく柳田の姿に眼を凝らしてみたい。

たとえば、シシという言葉は、沖縄では食用の獣の肉の総称であり、ただ山の獣の猪だけを指しているわけではない。本土のほうの田舎でも、鹿をカノシシ、羚羊《かもしか》をアヲシシ・カモシシ、また、牛を田ジシと呼ぶところがある。たんに、宍《シシ》つまり獣の肉を喰う慣習が早くに衰えたために、なにゆえにシシをもって猪の名とするかを久しく忘れていたにすぎない。沖縄ではひき続いて、シシという言葉を用いていたのだ。

沖縄の正月料理には豚《ワ》を欠かすことができない。柳田によれば、それは中国から輸入された風習ではなく、久しい由来が隠されていた。豚の記憶をとうに失った内地の武家のなかでも、春の初めの野猪の料理が重んじられ、千数百年の昔には、都にも宍を喰う風習が見られた。ただ、宍を喰わずにいた長い時間のなかで、「古い日本」が埋もれ忘却されていったのである。その宍を喰う古層の日本文化は、沖縄に残った。それが柳田のいささか意表を突いた、シシをめぐる思索の小さな結論であった。

あるいは、日琉の言語における異同について。沖縄語の話し言葉には統一の事業が完成していなかった、と柳田はいう。まして眼の言語、つまり書き言葉のほうは、ずっと昔から本土と共通であった。薩摩の武力だけで押し付けられたものとは思われない。最初から語脈の一致があり、表現の順序が同じであったうえに、社会関係が複雑かつ緻密になるにつれて、不足する言葉を内地から取り寄せ補充してゆく久しい慣習があったから、沖縄に固有の書き言葉による文章を発達させる機会がなかったのだ、とされる。

沖縄は言葉の宝庫である、と柳田は強調した。書物もなかった上古以来の、それぞれの時代の日本語のなかで、変化し失われてしまった言葉が、沖縄にはもとの形を留めているからだ。そうした理解の当否は別として、柳田が日本語／琉球語のあいだに太い連続の相を見いだしていたことは、とりあえず確認されるはずだ。

さらに、伝承の共通性についてはどうか。

たとえば、柳田は宮古島の炭焼長者譚を取り上げている。宮古島では二百年も前から、これを大昔の族長の家の物語として語り伝えてきた。『琉球神道記』には、竈神《かまどがみ》の由来として、ほとんど同様の話が載せられている。炭焼長者譚も竈神の話もともに、本土に起源があり、いつの時代にか南の島々に漂着した物語である。与那国島の平家の落人伝承と変わらない。とはいえ、それを同じ民族ゆえに共有された物語と見なす柳田の視線には、やはり独特な屈折が織り込まれているにちがいない。

『海南小記』所収の「炭焼小五郎が事」によれば、炭焼長者譚は豊後の宇佐に起こった物語である。宇佐八幡の山上には、もっとも神聖視された巨大な三つの石があった。火の神とは伝えられていないが、三個の石は竈の最初の形であり、火の神の象徴である。そこから三宝荒神の思想は起こった。沖縄諸島においても、御三物と称して三つの石を火の神に祀っている。おそらくは、この内地／沖縄の火の神の信仰には脈絡がある。柳田はこう述べている、南島の従兄弟たちは、いまだ石凝姥《いしごりのうば》・天目一箇《あめのめひとつ》の恩沢に浴さぬ以前から我々とよく似た方式をもって、火の神を祀っていたのである、炭焼長者の話がいとも容易に受け入れられたのは、そのためである、と。炭焼長者譚はたしかに、大和から南の島々に漂着した伝承ではあるが、それをたやすく受容しうるだけの、大和と共通する信仰基盤が沖縄には豊かにあった、そう、柳田は考えたのである。

『海南小記』に収められた論考やエッセイのなかには、こうした本土／沖縄の文化的な連続を手探りする柳田がくりかえし登場してくる。沖縄への旅を契機として書き継がれていった論考群のなかで、柳田が執拗に追求したのが、「我々二つの島の者が、大昔手を分かつた同朋では無いか」という大胆な仮説であったことは、ともあれ否定しがたい。はるかな昔に訣れがあった、南の島々には我々の同朋がいる、その同朋とのあいだには誰も知らない不思議な遺伝が埋もれている、我々がとうの昔に忘れたことを、いま南の島人たちは忘れようとしているのだ……。柳田の胸に宿ったそんな物語の風景はたしかに、かぎりなく懐かしいものだ。しかし、柳田の演じてみせる追憶の物語に酔うわけにはゆかない。ただ、沖縄がここに同朋の島として発見されたことだけを確認しておきたい。

萌芽としての海上の道

かつて、明治四十三年の柳田は、沖縄の諸島は太古の植民地であるから、今となっては本土と共通な部分を探さねばならぬほど変わっている、と書いた。沖縄に関する文献を読み漁り、沖縄出身の研究者との交流を深めるうちに、しだいに形作られていったイメージとしての沖縄である。本土《ヤマト》／沖縄のあいだの異質な側面に眼を奪われていたことが、そこからは窺われる。それから『海南小記』の旅までの十年間に、柳田の沖縄に向ける眼差しには大きな変容があった。異質から同質への転換、である。むろん、共通する文化基盤のうえに立った異質であり、同質ではあった。

このとき、柳田のかたわらには、「琉球処分」を一種の奴隷解放と見なし、それを琉球民族の復活の契機として積極的に評価しようとする伊《い》波《は》普《ふ》猷《ゆう》がいた。伊波は沖縄の新しい時代を、日琉同祖論の地平に切り拓いてゆくために苦闘を演じていたのだ。その闘いをヤマトの側から共有したのが柳田であった。日本人／沖縄人が民族的起源をひとしくするという認識、そこに思想的な立脚点を築く。沖縄に固有の文化や歴史を消去しつつ、ヤマトへの同化・融合を果たそうとする途では、むろんなかったはずだ。が、評価は微妙に分かれる。いずれであれ、沖縄の固有性を守りながら、いかに新しい時代の像を描きだしてゆくかが問われていたのだ。

「阿遅摩佐の島」の片隅には、日本人は南から列島に渡来したという仮説がわずかに顔を覗かせていた。沖縄が遠い時代に我々＝日本人と分かれた同朋の島であるとすれば、そこにもうひとつの問いが生まれる。日本人はどこかアジアの源郷の地を出立して、南の島々を伝いつつ列島にやって来たのか、それとも、列島に移り住んだ人々の一部が、ある時代に南下して南の島々に居住するにいたったのか。「阿遅摩佐の島」の柳田は、蒲葵を神の樹とする風習の拡がりを手掛かりとして、南の島伝いに列島へと北上したのではないかという仮説を暗示的に語った。

　やはり『海南小記』に所収の「与那国の女たち」にも、この問いに触れた箇所がある。柳田はいう、この島の風俗のなかには、ほかの沖縄の島々をあいだに置いて、はじめて葦原の中つ国と「根原が一つ」であることを知るものが多いように思う、と。根源が一つ、明治・大正期の柳田が好んで使用した、どこか呪文めいて聴こえる方法的術語《ターム》のひとつであった。与那国島／沖縄諸島／本土はその表層の差異を越えて、根源は一つなり、と唱えられた瞬間に太い絆で繋がれる。妖しげな、万能薬にも似た呪文ではあった。

　そのあとに、以下のような蛇行する呟きの言葉が連ねられている。

> 我々は曾て大昔に小船に乗つて、この亜細亜の東端の海島に入込んだ者なることを知るのみで、北から次第に南の方へ下つたか、はた又反対に南から北へ帰る燕の路を逐《お》うて来たものか、今尚民族の持ち伝へた生活様式から、も一つ以前の居住地を推測する学問が進まぬ為に如何なる臆断でも成立ち得るやうであるが、少なくとも此等《これら》の沖の小島の生活を観ると、それは寧《むし》ろ物の始の形に近く、世の終の姿とはどうしても思はれぬ。即ち大小数百の日本島の住民が、最初は一家一部落であつたとする場合に、与那国人の今

日の風習が、小島に窄《すぼ》んだから斯うなつたと見るよりも、やまとの我々が大きな島に渡つた結果、今日の状態にまで発展したと見る方が、遥かに理由を説明しやすいやうに思はれる。北で溢れて押出されたとするには、平家の落人でも無い限《かぎり》は、こんな海の果までは来さうにも無いが、南の島に先づ上陸したとすれば、永くは居られぬからどうかして出て来たであらう。

我々＝日本人の祖先は、北から南へ、それとも南から北へ、どちらの移住の経路を辿ったのか。与那国島の生活を見ると、むしろ物のはじめの姿に近く、世の終わりの姿とはどうしても思われない、ここには素朴な信仰のもとの形が豊かに残されている……、沖縄への旅が柳田にもたらした揺るぎない実感であった。この南の島々を経由して、日本人の祖先は北へ、北へと移住をくりかえし大きな島に渡っていった。そう考えるのが自然ではないか、と旅の実感は囁きかけてくる。だから、南の島々の同朋の村には、ヤマトで失われた「古い日本」が今なお息衝いているのではないか。

これが大正十年という時期における、柳田の、いわば萌芽としての「海上の道」論であった。はるかな常夏の国から流れ寄る椰子の実、そして珠や錦よりも美しい宝貝もまた、すでに顔を覗かせている（「海南小記」）。しかし、当然ではあれ、それらは大正十年の旅を彩るほんの小さな風景のひと齣にすぎない。

わたしがここで確認しておきたいのは、『海南小記』全編のなかに稲の主題がほとんど姿を現わさない、ということだ。大正十年の「海上の道」は、いわば稲の道ではなかったのである。我々＝日本人の先祖は稲を携えて列島に渡ってきた、そう、柳田はすでに明治末年の段階からくりかえし語っている。それは柳田の思想を根柢にあって貫く、問われる必要のない自明にすぎる前提であった。ところが、「海上の道」論のやわらかな芽生えを窺わせる『海南小記』には、南の島々の稲のある風景はほとんど拾われていない。それが沖縄の現実であったからだ。

柳田の最晩年の著作『海上の道』（定本第一巻）には、一編の幻想譚にも似た「海上の道」論が説かれた。日本人の祖先の列島への移住は漂着に始まった。島々に産する宝貝の魅力に惹かれて、大陸から沖縄の島々へ渡った人々は稲を携えていた。それから、稲作の適地をもとめて、島伝いに北上しつつ本土に到達した、それが我々＝日本人の祖先である。稲の籾種だけが渡ってきて、列島に暮らす人々に受容されたわけではない。最初から、稲作の技術と稲の祭りや信仰を持って渡来してきたのが、日本人であり、日本民族であった。柳田はそんなふうに熱い想いをこめて語った。

実証の手続きを省いて、ほとんど唐突に投げ出された「海上の道」論は、不可解な、しかし一個の衝撃を孕んだ仮説として受け取られた。その後の、さまざまな分野の研究の蓄積によって、柳田の壮大な仮説がそのままには認められぬことがあきらかにされてきた。

とはいえ、近年になって、この「海上の道」論は熱帯日本型の稲の伝播ルートとして、また、イモ栽培の北上の道として、あらたな見直しの作業が試みられようとしている。そうした「海上の道」論の評価はいまは措く。

ここではただ、「海上の道」の萌芽が、大正十年の『海南小記』の旅のかたわらに転がっていたこと、しかも、そこには稲作の影がないことを確認しておけば足りる。晩年の『海上の道』は、柳田の思想の大きな流れのなかでは、おそらく唐突なものではない。稲作とその信仰を基盤に据えた常民の「民俗学」の展開のプロセスに眼を凝らすとき、南の島々のうえに「現在の事実」を越えた観念としての稲が覆いかぶさってゆく光景が、ひっそりと浮上してくるはずだ。

二、『大白神考』／民族の接触のみに由って一が他を感化し得るものとは想像し難く

北の異族への訣れ

山人の背後には、たしかにアイヌという北の異族の影が射している。しかし、山人論の流れのなかに、アイヌの社会や文化にたいする言及はほんのわずかしか見られない。柳田

にはアイヌ文化について本格的に論じた仕事がない。理由ははっきりしている。アイヌは我々＝日本人とは民族を異にする人々であるという認識が、疑われる余地のない自明なる前提として存在したからだ。稲作とは無縁なアイヌの人々が、我々＝日本人の同朋であるはずはなかった。だから、それは「現在の事実」ではない……。

日本人の祖先が稲を携えつつ列島に渡ってきたとき、そこには先住の異族が狩猟や採集、あるいは焼畑的な農耕をなりわいとしながら暮らしていた。異族の人々は新来の稲の民とその王権によって、多くは同化と融合を強いられ、一部は山中深くに逃れ、また北方の地（北海道）へと移り住んだ。山に逃れた人々の後裔が山人であり、北へ移住した人々がアイヌであると、おそらく柳田は考えた。そこに山人史の構想は生まれた。日本人／アイヌの交通の歴史ではない、日本人による山人の征服・同化の動きと、それにたいする山人の抵抗の歴史である。山人はすでに、つねに敗れし人々であった。

その山人が今日なお、列島の山奥深くで漂泊の暮らしを続けている、と柳田は信じた。ひとかけらの感傷に浸された幻想であった。山人への訣れは必然である。列島の民族史のひと齣としてならば、山人やその歴史について語りつづけることは可能だった。しかし、柳田はあくまで現在の人である、山人が「現在の事実」としての意味の大半を喪失したとき、訣れは避けがたく訪れる。そして、山人の背後にはアイヌがいた。山人への訣れはだからこそ、アイヌの社会や文化との訣別ともならざるをえない。

アイヌ文化への訣れ、それはとても見えにくいかたちで、山人論の挫折の数年後にやって来た。昭和三年から五、六年にかけての時期である。そのとき、柳田のアイヌ論はほとんど決定的な転回を果たすことになった。そこに覗けている裂け目ないし断層は、北への関心に裏打ちされた明治・大正期のアイヌ論からすれば、異様なほどの屈折を孕んだものに映る。柳田は反感をあらわに、日本文化／アイヌ文化の連続性を説くさまざまなアイヌ源流説にたいして、激しい調子の批判を矢継ぎ早におこなってゆく。秘め隠された転回のドラマは、たとえ見えにくくはあれ、そこに確実にあった。山人への訣れが、その背後に控える、はるかに根柢的《ラディカル》なアイヌ文化への訣れの序章であったことを、あきらかにしておく必要がある。

柳田の言及はどれも断片的なものだ。それゆえ、そこから柳田のアイヌ論といったものを明確なかたちで摑み出すことは、はじめから困難であると知れている。それでも、テクストの破片を寄せ集めることで、大きなイメージの変遷程度は押さえることができる。

たとえば、地名の問題をめぐって。明治・大正期の柳田は地名の由来をたずねる際には、ほとんど例外なしにアイヌ語との関連に触れている。日本の地名には意味のわからぬものがたいへん多く、そのなかにはかなりの数のアイヌ語が含まれている、そう、柳田は『石神問答』の一節に書いた。第二章で取り上げた「山民の生活」などは、そうした地名研究の先駆けをなすものだ。柳田はそこで、東国の地名に多いハザマをアイヌ語の底をあらわすハサマ、あるいは、仁田／道満・当間／谷（ヤ・ヤツ・ヤト）をそれぞれアイヌ語の湿地をあらわすニタ／トーマン／ヤチとして読みほどきながら、以下のように述べている。

此《この》事実は如何なることを意味するかと申しますと、我々の祖先は現にアイヌの祖先が居住して居る所へ後から入つて来て、アイヌの経済生活にはあまり大関係の無い谷合の卑湿の地を占有して田を開き其《その》附近に住居を構へたと云ふことを想像させるのです。一寸《ちよつと》人は蝦夷を追ひこくつて其空地へ日本人を入れたかのやうに想像して居りますが、彼等と雑居すること稍〻《やや》久しくなければ決して此等《これら》の名詞を受け伝へる筈《はず》がありません。（定本第四巻）

なぜ、谷あいの湿地に日本語／アイヌ語に共通の地名が残されているのか。日本人の祖先がアイヌの祖先の居住する地域に入り込み、アイヌの経済生活にはさほど関わりのない谷あいの湿地に田を開き、住居を構えたからだ、という。日本人にとって稲作の適地である湿地は、稲を作らぬアイヌにとっては交通の障碍《しょうがい》であり、ときには敵の襲撃にたいする簡便な防御線でもあった。いわばここには、ニタ／トーマン／ヤチといった湿地を意味する地名を挟んで、日本人／アイヌが対峙しあいながら雑居・共存する構図が描かれているのだ。昭和二（一九二七）年頃までの柳田には、こうした構図のうえに立って、地名の由来をアイヌ語にもとめる傾向がじつに顕著であった。
それが昭和期に入って、どのように反転するか。たとえば、昭和六（一九三一）年の論考「採集と観測」（『方言覚書』、定本第十八巻）には、次のような一節が見える。

私が最も早く経験して居る一事は、日本の地名は少なくとも一千万以上、種類にしても何千種とあるのに、不思議に其《その》大部分が意味不可解で、一見殆《ほとん》と日本の語を以て作つたもので無いやうな感じがする。よくアイヌ語だの馬来《マレー》語だのを以て説明して得々たる人もあるが、それは我々がアイヌ馬来人の後裔であつても、他の言葉がすべて日本語を話して居る以上は、其引継ぎは想像し難いことであり、仮に久しく彼等と雑居して学んだといふならば、地名は其多くがその大昔のものだといふことになる。

先の「山民の生活」と並べて読んでみれば、これが「アイヌ語起源論者」の一人であった柳田自身への痛烈な自己批判であることは、あまりに明白であろう。日本人／アイヌが谷あいの湿地を挟んで雑居・共存する、あの構図それ自体が懐疑に晒されているのだ。地名のアイヌ語起源説はこうして否定された。ひそかなるアイヌ文化への訣れ、その見えにくい風景のひと齣がここにはある。
この時期のテクストの破片に眼を凝らしてみれば、いたるところに断層は覗けている。

イタコやオシラサマ、イナウと御幣、熊祭り、マタギ、河童などをめぐって、昭和初年にそれぞれ切断線が引かれた。問題そのものが根っこから組み替えられている。古代における日本人／アイヌの交通を想定したうえで、起源への遡行がなされるのではない、むしろ、起源はすでに問題としては捨象されているのだ。仮りに、はっきりと連続が見いだされる場合には、中世以降の、和人による侵略の歴史のなかでもたらされた日本文化のかけらと、アイヌ文化とが混淆を遂げた姿として了解される。もはや、アイヌ文化の残留などはありえない、文化の流れは日本からアイヌへと伝播する、一方通行のものでしかないからだ。

オシラサマとアイヌの神

ここでは、オシラサマをめぐる問題を手掛かりとして、断層の在り処《あか》をいくらか丁寧に跡付けておくことにしよう。昭和三、四年という段階に、たいへん鮮やかな断層があったことが知られるはずだ。

柳田が残した唯一のオシラサマに関する本格的な著作といえば、むろん『大白神考』(昭和二十六年、定本第十二巻)である。柳田はオシラサマ研究の総決算として、この書を編んだ。しかし、柳田のオシラサマに関する理解は明治四十年代から昭和二十年代まで、たいへん微妙な揺らぎを孕みつつ変成しつづけていた。『大白神考』のオシラサマ像にもあきらかな亀裂はあった。柳田のオシラサマ論の軌跡を辿る必要がある。

『遠野物語』に結晶することになる佐々木喜善からの聞き書きの途上に、柳田ははじめてオシラサマに出会った。明治四十一(一九〇八)年の暮れから、翌年にかけての時期である。柳田はオシラサマ信仰に触れて、その、どこか異国的な情緒を漂わせる神への驚きに打たれた。『遠野物語』第一四話の註として、「アイヌの中にも此神あること蝦夷風俗彙聞に見ゆ」と書き留められている。『蝦夷風俗彙聞』はたぶん『蝦夷風俗彙纂《いさん》』の誤りであるが、この『蝦夷風俗彙纂』は北海道開拓使によって編集されたアイヌの歴史・文化・習俗・産業などの記録のアンソロジーであり、明治十五(一八八二)年に刊行された。

そこに引かれた『松前記』(刊行年次・著者ともに不詳)には、「オホシラ神の事」と題して以下のように見える。神体は桑の木の尺余ほどのものに彫った、男女二神である、信心の者に乞われると、この木偶神を擁し来たり、願主より木綿の切れを出させて神体を包み、左右にもって呪咀する、神は女巫に懸かり、吉凶を言うが、疑う者があればただちに看《み》てとるために、怖れ渇仰されている、と。こうした『松前記』にいうアイヌのオホシラ神と東北のオシラサマとのあいだに、色濃い共通性が見いだされることは確実だ。

たとえば、柳田は『石神問答』のなかで、オシラサマはアイヌの神である、オシラの語義はアイヌ語でも不明だが、近代になって内地から渡ったものとは考えられず、おそらくは蝦夷の神の残留したものであろう、と書いている。この段階の柳田が、アイヌのオホシラ神と東北のオシラサマとのあいだに信仰としての共通性を認め、留保のうえではあれ、オシラサマを蝦夷＝アイヌの神の残留したものと見なしていたこと、すくなくともそれを魅力的な仮説のひとつと考えていたことは否定しがたい。しかも、こうしたオシラサマのアイヌ源流説は、オシラ神に奉仕するイタコの語源をアイヌ語のイタク（＝語る）にもとめた「『イタカ』及び『サンカ』」の仮説と呼応しあい、それと対をなすものであったことに注意したい。

さて、『遠野物語』の公刊によって、馬と娘の婚姻にまつわる養蚕とオシラサマの起源譚は、柳田の周辺に広く知られることになった。南方熊楠はただちに、それが中国の古代の小説集『捜神記《そうしんき》』に収められた「馬の恋」と同型の伝説であることを指摘し、オシラサマ＝蚕神説を唱えた。南方のオシラサマ＝蚕神説は通説となった。それにたいして、柳田が「巫女考」のなかで、あえて異論を提起していることが注目される。オシラサマを養蚕の神という像に一義的に収斂させてゆく解釈の限界を、柳田はすでに早く、この大正初年の段階に見抜いていたのである。

しかも、「巫女考」の柳田は、オシラサマ＝蚕神説への批判のかたわらに、たいへん興味深い仮説を書き留めていた。オシラサマと白山信仰との関わりをめぐる問題である。被差別部落に多く鎮守として祀られる白山神と、東北のオシラサマ＝白神との結びつきが、そこには示唆されていた。オシラ神の起源は、「白山神明の神根《かみおき》に用立てた移動的霊位即ち手草」ではなかったか、とされた。しかし、柳田がオシラ神と白山信仰をつなげる理解を示したのは、たった一度、この漂泊の巫女をめぐる思索の結晶ともいえる「巫女考」のなかにおいてであったことを忘れてはならない。

いずれにせよ、養蚕以前を射程に繰りこむことなしには、オシラサマ信仰の全体像を浮かび上がらせることはできない。養蚕の神としてのオシラサマ信仰、つまり桑の木で作られた姫頭と馬頭の対をなす神像や、馬と娘の婚姻から養蚕のはじまりを説く由来譚などは、東北に養蚕が普及してからの、いわば後世的な附加であった、そう、柳田は考えた。オシラサマ論の課題は、養蚕の神以前の、オシラサマ信仰の古層へと分け入ることに絞りこまれてゆくことになる。そこでの主役が、オシラサマのアイヌ源流説であったことは言うまでもない。

アイヌ源流説との訣れ

オシラサマを日本の民間信仰史上の重要なテーマとして位置づけ、それを思いがけぬ広やかな視野のなかへ解き放ってみせたのは、たしかに柳田である。しかし、柳田の以前／以後にも、オシラサマという問題を発見し、その探究を試みた人々はいた。『東北文化研究』に拠って、佐々木喜善らとともにオシラサマ研究に手を染め、北方起源説を唱えて柳田と鋭く対立した喜田《きた》貞吉《さだきち》などは、その一人である。

その喜田とのオシラサマ論争がおこなわれたのは、昭和三、四年のことであった。『大白神考』に収められた「オシラ神の話」や「人形とオシラ神」などが書かれた時期である。見えにくい亀裂がそこに刻印されている。山人への訣れが生きられ、漂泊の民の系譜を掘る作業はあいまいに放棄された、そして、稲の信仰に生きる常民＝日本人を核に据えた「民俗学」への自覚的な道行きがはじまっていた。『雪国の春』が刊行になった昭和三（一九二八）年が、昭和天皇の稲の祭り＝大嘗祭がおこなわれた年でもあったことは、けっして偶然ではない。柳田の思想における決定的な転換点が、この時期に秘されていることは否定しがたい。

オシラ神のアイヌ源流説の行方に眼を凝らすことにしよう。

明治・大正期の柳田が、オシラサマを蝦夷＝アイヌの神の残留とみなす理解にたいして、一定の留保のうえではあれ、解釈の可能性のひとつとして肯定的に受け留めていたことは確実である。たとえば、昭和三年の「オシラ神の話」ではいまだ、留保の度合いはたしかに強まっているが、アイヌ源流説を全面的に斥けるにはいたっていない。柳田があきらかにアイヌ源流説への批判派に転じるのは、「オシラ神の話」からちょうど一年後に書かれた「人形とオシラ神」においてである。痛烈な喜田貞吉批判が書きつけられ、アイヌ源流説にたいする訣別が宣言された。

その前年に、喜田はみずからが責任編集を務める『東北文化研究』に、「オシラ神に関する二三の臆説」を発表している。この論考は柳田の「オシラ神の話」の問題提起を承けて、オシラ神信仰の「本有と変化の分界」を立てようとした、喜田の試論である。そこに喜田が示したオシラサマの蝦夷＝アイヌ源流説にたいして、真っ向から放たれた批判の矢が、柳田の「人形とオシラ神」にほかならなかった。

柳田は以下のように喜田説を批判した。

オシラ神の根本に関しては、之《これ》を蝦夷の家の神の信仰から移し伝へたものでは無いかといふ喜田博士の臆説が、「東北文化研究」に公表せられた。信仰は普通に単なる二種民族の接触のみに由つて、一が他を感化し得るものとは想像し難く、殊《こと》に敗退者たる本土アイヌとして、其《その》神を故地に留めて今日の盛況の原因を為したといふことは、決して推断し易い事柄では無いと思ふが、何か是《これ》には別に喜田氏独自の研究で、この仮定を支持するに足るものが残されて居るのではあるまいか。もしさうで無いとすると、臆説にしても余りに無謀の様に考へられる。

さらに続けて、喜田の立論が、オシラ神の行事や信仰を東北に固有のものとみなす通説に拠った結果であるならば、まず、その出発点を改善しなければならない、それが民俗学の任務である、すくなくとも自分たちはいまだ日本人の慣行が、日本の国内で発生し成長してきたことを、疑わなければならぬ必要を感じてはいない、と柳田は語った。

オシラ神信仰は日本人の固有信仰の地方的な変種として、その「本有と変化の分界」が多様な角度から追究されなければならない。それが柳田の方法的な立場である。オシラ神信仰はいわば、中央の文化から偶然に孤立し、かすかに前代の信仰状態の一部分をとどめた結果として、異族の遺風のような外観を呈するにいたったものだ。それゆえ、もはやオシラサマの起源それ自体は問題とはならず、同じ系統に属する、日本人の昔からの信仰・行事のあいだの比較や検証をつうじて、そこに横たわる「根原の一致」をあきらかにし、その変化の筋道を辿ることこそが新たな課題となるだろう。

オシラサマのアイヌ源流説はこうして斥けられた。柳田のオシラサマをめぐる知の位相変換は、たいへん鮮明なものであったといってよい。蝦夷＝アイヌ／日本のあいだには、太い切断線が引かれた。いささか唐突には映るが、それが山人論のなし崩しの挫折を経て柳田にもたらされた大きな思想上の地殻変動の、比較的に見えやすい風景の一齣であったことは否定しがたい。柳田の蝦夷＝アイヌをめぐる眼差しが根柢からひっくり返った時期が、まさに「オシラ神の話」や「人形とオシラ神」の執筆に重なっている。

固有信仰論のなかへ

柳田はアイヌ源流説を批判し、オシラ神信仰を日本人の固有信仰の地方的な一変種として捉える立場から、ひとつの仮説を提示した。オシラサマ＝採り物説である。オシラサマの神像を神体ではなく、御幣や採り物と「根原は一つ」と見なすところに、柳田の仮説の核心は秘められていた。

昭和初年のオシラサマ論のなかには、「根原の一致」「根原の統一」「本源の一致」といった、すでに幾度か触れたことのある柳田語彙とでも称すべきものが覗けている。明治末年の「踊の今と昔」以来、「「イタカ」及び「サンカ」」「巫女考」「所謂特殊部落ノ種類」「毛坊主考」と連なる漂泊の民の系譜を探る論考群のなかで、「根原凡て一なり」「根源元ハ一ツナリ」といった言葉が呪文のようにくり返されるのを見てきた。そこには、多様な現われの底に、根源をひとしくする一系の歴史／構造を探りあてようとする、柳田に固有の方法＝眼差しが隠されていた。その方法がいま、御幣・採り物・オシラサマという、あきらかに現われを異にする祭祀の具を根源において繋ぐために択ばれようとしているのだ。

名称も形態もたいへん多彩なオシラ神をめぐる信仰の共通項として、(1) 木の枝に神の顔を刻むか描くこと、(2) 毎年定まった祭りの日があること、(3) オシラサマを手に取って神語りをすること、の三点が挙げられた。この三つの共通項を手掛かりとして、オシラサマを日本人の固有信仰の拡がりのなかへ解き放とうとする試み、それが『大白神考』のひとつの核をなす課題であった。その裏側には、つねにアイヌ源流説への批判が貼りついていたこともまた、忘れてはなるまい。

さて、共通項の(1)(2)をめぐる柳田の思索の道行きこそが、オシラサマ＝採り物説を構成することになる。神祭りの日に神前に歌舞すべき者が手に執るもの、それが採り物である。採り物の種類は中世以降、信仰と伎芸とが分かれてゆくにつれて、しだいにその数を加え様式を異にし、思想上の脈絡を失うにいたったが、そこには「根原の統一」が認められる。すなわち、この採り物を手にすることで聖別が果たされ、それを手にしているあいだは神霊と交通する資格がある者と考えられたのだ。その採り物は古くは、定められた霊地や神木から折りとられた。

正月十六日、村のオシラサマを祀る旧家には取子の娘たちが寄りつどい、この家の老女(巫女《イタコ》)の手でオシラサマが薄暗い仏壇の奥から取りだされる。あたらしい布切れを着せ、白粉を塗ったオシラサマを手に取ると、老女が唱えごとに合わせてオシラ遊びをおこなう。そののち、娘たちが随意にオシラサマを遊ばせ、一年の吉凶を占い、神のオシラセを受ける――。『遠野物語拾遺』第七九話に描かれたオシラ遊びの光景である。このオシラ神の木像を神体としてではなく、神に仕える者が聖別され、神霊との交通をおこなうための採り物として読み換えるところに、柳田の思いがけぬ独創はあったのだ。

神事のなかの採り物を手にした舞は、神々の似姿を写しとった神の像が刻まれるようになるとともに、伎芸化し、やがて人形芸能へと展開してゆく。採り物→たち動く神像→人形芸能というプロセスの、その過渡の段階にオシラサマは位置づけられた。

鉤の木はその形からして、採り物のなかでも最も原始的なものに属する、と柳田はいう。

霊力はもっぱら、その鉤の木の尖端の自然の屈曲にあると考えられていた。それゆえ、人形化以前の東北のオシラサマは、木の股の鉤（→ベロベロノカギ）であった可能性がある。オシラサマと「家の神、火の信仰との関係は、アイヌの中に求める前に、先づ御互ひの家の炉の辺を探さなければならなかつた」（「鉤占から児童遊戯へ」『大白神考』所収）と、柳田はまたアイヌ源流説への批判を書きつけている。

柳田にとって、日本人の固有信仰のなかへ分け入る道行きは、つねに蝦夷＝アイヌと日本とのあいだに切断線を引くことと背中合わせであったことが、その一節にもよく窺えるはずだ。それにしても、柳田が晩年において、日本／蝦夷＝アイヌのあいだに明確な切断線を引くことに躊躇せざるをえなかった、唯一といってよいテーマが、じつは御幣・花・削り掛け／イナウをめぐる問題であったことは、幾重にも示唆的である。オシラサマ＝採り物説にたいしても、おそらくは留保が必要であった。

明治・大正期の柳田にとって、イタコとオシラサマをめぐる考察は何より巫女論の一環としてあった。イタコ／オシラサマは分かちがたく結ばれ、表裏なすたった一つの問題であった。オシラサマを蝦夷＝アイヌの側から解くか、日本人の固有信仰の一変種として位置づけるか。その選択は、イタコの源流をアイヌ語のイタク（＝語る）との関わりのなかに見るか、中世のイタカと称された漂泊の民の系譜上に探るかという、もうひとつの選択に重ねられていた。はたして、このイタコ／オシラサマの対をなす関係は、その信仰の起源からして不可分に結ばれてあったのか。

やがて、イタコとオシラサマは分断され、イタコによって管理される以前のオシラサマ信仰が語られることになる。昭和四年の「人形とオシラ神」からは、あと半歩の距離だ。しかし、その半歩は遠く、さらに十年あまりの歳月の経過を待たねばならない。『大白神考』に収められた「おしら神と執り物」(昭和十八年)をもって、柳田のオシラサマ論の幕が引かれる。もはや、オシラ神信仰の向こう側に、蝦夷やアイヌのいる風景が結ばれることはない。

山人への訣れに続いたアイヌ文化への厳しい訣れは、昭和三、四年という、ほかならぬ稲と常民と祖霊が三位一体をなす「民俗学」への出立のときに果たされた。柳田の後期思想の足元には、漂泊の民や被差別の民、先住異族の末裔である山人、そして蝦夷やアイヌの人々の冷たい屍が転がっている。民俗学はその発祥からして屍臭の漂う学問であった、そう、三島由紀夫は語った。このとき、屍臭は文字通りに屍が発する異臭である。思想の帯びる凄みにたいして投げかけられた賛辞などでは、断じてありえない。「民俗学」の牧歌的な郷愁にみちた風景の底に、数も知れぬ死者たちの呪詛の声が谺している。その幽かな声に耳を澄まさなければいけない、と思う。

終章

民俗学への出立

下北半島の春景色

中世の懐かしい移民史

いくつかの訣《わか》れがあった。漂泊の民への訣れがあり、山人とその背後に隠されたアイヌへの訣れがあった。変容の兆しはすでに、大正十(一九二一)年の沖縄の旅の前後には見え隠れしていた。しだいにはっきりと姿態を顕わにしてきたもの、むろん、それが後期思想の別称ともいうべき「民俗学」である。「民俗学」への出立の碑はたぶん、昭和三(一九二八)年二月に刊行になった『雪国の春』(定本第二巻)である。

『雪国の春』によって、柳田はたしかに「民俗学」への本格的な道行きの起点に立った。その「自序」には、この書を暖かい南の雪国ではない地方の人々に読んでもらいたい、とある。そして、かたわらに『海南小記』の名が見える。郷土の問題にのみ執心し、よその土地については関心を持たぬ風が改まらないかぎり、「国の結合」は機械的で、知らぬ異国の穿鑿《せんさく》ばかりが先に立つ。『雪国の春』/『海南小記』、自分が日本の北/南の両端のこれほど異なる生活を並べてみようとする動機は、けっしてたんなる物好きではないのだ、そう、柳田はいう。北/南の文化的な隔絶を示唆しているのか。いや、そうではない、逆である。表層の差異を越えて、北/南に共通する、日本という名のひとつの民族=文化が存在することをこそ、柳田は語ろうとしているのだ。

『海南小記』には稲作の影が稀薄だった。南の島々が稲のモチーフに覆われ、捕捉されるためには、さらに長い時間が必要だ。昭和三年の柳田はまず、列島の北辺の地を稲のモチーフによって覆い尽くした、それが『雪国の春』である。ここには大正七(一九一八)年の「津軽の旅」から、昭和三年一月十六日の日付けを持つ「真澄遊覧記を読む」まで、大小九編の論考や紀行エッセイが収録されている。雪国とは東北である、これは雪深い東北へと「出で丶実験に就いた」柳田が、その東北の歴史と文化について紀行の文体をもって語った書である。

なぜ、東北であったのか。「民俗学」への出立の碑がほかならぬ東北を舞台として築かれたのは、偶然ではない。幾重にも隠された必然がある。『雪国の春』の柳田が発見した東北に、いま眼を凝らさなければならない。そこに語られた東北こそが、「民俗学」の存立の前提条件をよく照らし出し、また、それゆえに「民俗学」という幻想の体系のアキレス腱を教えてくれることだろう。

柳田にとって、日本人とは何か。我々=日本人は、かつて海の向こうから、長い大きな旅をしてきた移住者の末裔である。谷の民であり、盆地の窮屈に倦んでいる者である。『雪国の春』に収められた同名の論考「雪国の春」の冒頭では、その日本人の遠い昔の故郷への想いが暗示的に語られている。我々の祖先がつとに理解し嘆賞したのは、中国の江南の風流であった。天然のいちじるしい類似、風土の共通性、民族としての境遇と経験が似ていたことなどのゆえに、労せずして隣国の悠長にして閑雅な趣味を知り習うことができた、と柳田はいう。おそらく、柳田はこのとき、日本人の源郷を江南の稲作地帯にひそかに見定めていたはずだ。

だから、移住の軌跡はひたすらに南から北へと弧状をなして描かれる。大陸から、南の島々を伝って、列島の南から北へと、稲を携えた人々は遡ってゆく。日本人の祖先がかつて南の海の端から、さらに安泰なる居所を求めて、流れを伝い山坂を越え、しだいに北と東の平野に降りていったときには、この列島が南と北で、これほどまでに冬の長さを異にしているとは予期しなかったにちがいない。幸いにして地味は豊かに肥え、労少なくして所得は元の地にまさり、山野の楽しみも夏は故郷よりも多く、妻子眷属とともにいれば、再び窮屈な以前の群れに還ってゆこうという考えも起こらなかったであろう、という。柳田の思い描いていた移民たちの風景が、あくまで具象のイメージを伴っていたことに関心をそそられる。

ともあれ、そうして移住者の群れは、冬には何か月ものあいだ深い雪に閉ざされる東北に辿り着く。柳田によれば、それは千数百年足らず昔の中世である。「雪国の春」には、こんな一節がある。

例へば奥羽の処々の田舎では、碧く輝いた大空の下に、風は軟かく水の流れは音高く、家にはぢつとして居られぬやうな日が少し続くと、ありとあらゆる庭の木が一斉に花を開き、其《その》花盛りが一どきに押寄せて来る。春の労作はこの快い天地の中で始まるので、袖を垂れて遊ぶやうな日とては一日も無く、惜しいと感嘆して居る暇も無いうちに、艶麗な野山の姿は次第次第に成長して、白くどんよりとした薄霞の中に、桑は延び麦は熟して行き、やがて閑古鳥が頻《しき》りに啼《な》いて、水田苗代の支度を急がせる。この活き〳〵とした季節の運び、それと調子を合せて行く人間の力には、実は中世のなつかしい移民史が匿《かく》れて居る。其歴史を滲み透つて来た感じが人の心を温めて、旅に在つては永く家郷を懐はしめ、家に居ては冬の日の夢を豊かにしたものであつたが、単に農人が文字の力を傭ふことをしなかつたばかりに、其情懐は久しく深雪の下に埋もれて、未だ多くの同朋の間に流転することを得なかつたのである。

雪国の春景色が郷愁をこめて語られている。中世の懐かしい移民史、と柳田はいう。あきらかなのは、このとき稲作以前の数千、数万年の時間のすべてがこともなげに無化され、消去されていたということだ。柳田にとって、東北の歴史は稲の民の移住とともに幕を開ける。それ以前の歴史は、稲を持たぬ異族たちの時間として視野の外に逐われたのだ。山人やアイヌを祀り棄てた果ての、それは必然の帰結であった。

雪国の二つの春のはざまに

雪国には二つの春があって、早くから人情を錯綜させてきた、と柳田はいう。暦の春は正月をもってはじまる。はるか南の冬の短い都邑で編みあげられた暦のなかの春である。東北の春はしかし、厚い雪に覆われている。それにもかかわらず、暦の春がやって来ると、人々は冬籠もりする門の戸を開いて、欣然としてまぼろしの春を待った。雪を踏み分けて迎えねばならない、正月様とも歳徳様とも福の神ともいう神々がいた。それらの神々を迎えての正月行事は、ひとつとして農に関わりのないものはなかった。二つの春が渾然一体となった雪国の風景のなかに、南の都で編まれた暦法を固く守りながら雪の国に入ってきた日本人の姿が埋もれている、そう、柳田は信じた。

その辺土の住人が髯をかまわず、皮衣を着て、何か荒々しい風貌をそなえているのを見て、時としてかれらが「昔袂を別つた兄弟」であることを忘れる人たちもある。しかし、これほどまでに民族の古い信仰に忠実で、暦の春の訪れとともに、外はまったくの冬景色でありながらいそいそと一年の農事の支度に取りかかる人々が、別の系統から入ってきたはずはない。風土の自然に抗いつつ、本来の生活様式を墨守する人々、かれらは南の島にのみ似つかわしい作物や屋作りを北端の地に運んで、辛苦の末にようやく新たなる環境と調和させたのである。「雪国の春」の柳田はいう。

何にもせよ暦の春が立返ると、西は筑紫の海の果から、東は南部津軽の山の蔭に及ぶまで、多くの農民の行事が殆《ほとん》と些《いささ》かの変化も無しに、一時一様に行はるゝは今猶《いまなお》昨の如くであつて、しかも互に隣県に同じ例のあることも知らぬらしいのは、即ち亦《また》此等の慣習の久しい昔から、書伝以外に於て持続して居たことを意味するもので無くて何であらう。

ここには、柳田の「民俗学」の成立にかかわる根本的な契機が示唆されている。暦が春を告げると、列島の西と東、南と北において、農民たちはいっせいにほとんど同じ正月行事をおこなう。文字による知識の力に促されてのことではない、それが古い時代からの本来の生活様式であったからだ。それは久しい慣習の力によってこそ持続されてきたものだ、と柳田は考える。そうして列島の南から北まで、根源をひとしくする民族＝文化によって覆い尽くすことが可能だという確信を手に入れたとき、「民俗学」なる知の地平が柳田の前に大きく開かれていった。

北の辺境である東北は、あの懐かしい中世の移民史の以前には、縄文以来の異族の群居する土地であった。それゆえ、そこには濃密な山人の影があり、ときにはアイヌの人々の姿も垣間見える。日本人に固有な信仰といったものが発見されるためには、先住異族の後裔である山人やアイヌとのあいだに境界線が引かれなければならない。北の異族との文化の雑種や交配を認めれば、固有信仰がある原型として抽出されることなどありえない。その線引きの舞台が、ほかならぬ東北である。山人やアイヌの祀り棄てこそが、「民俗学」の誕生の根本的な契機であったことを、あらためて確認しておきたい。

閉伊や男鹿島の荒蝦夷の住んだ国にも、入代つて我々の神を敬する同朋が、早い昔から邑里を構へ満天の風雪を物の数ともせず、伊勢の暦が春を告ぐる毎に、出でゝ古式を繰返して歳の神に仕へて居た名残である。

来訪する神を迎える小正月の晩の行事が、東北ではタビタビ・ホトホト・ナマハギなどの名をもって行なわれてきた。それとよく似た来訪神を迎える穀祭りが南の島々にもあることは、『海南小記』のなかにも語られていた。ここに引いた一節はいわば、そうした南からの文化の流れとして東北の小正月行事を位置づけたものである。異族の地に、農にかかわる歳の神の信仰を携えた同朋たちが移り住んだ、という。そのとき、異族は征服され、同化を強いられ、あるいは、さらに北方へと逐われたはずだ。むろん、それが中世の懐かしい移民史の、語られざるひと齣であった。

もうひとつの民俗学は可能か

『雪国の春』という著書が昭和三年に刊行され、それが柳田の東北論であり、しかも南島論としての『海南小記』と対をなすものと意識されていたこと、それらはいずれも偶然ではない。「民俗学」への旅立ちの起点に秘せられた、ひとつの柳田国男のいくつもの乱反射する貌である。そこに通底している核となる貌のひとつは、稲にたいする偏愛ともいうべき強い志向性であった。稲を選んだ日本人、という。柳田はまさに、その意味における日本人の一人であった。昭和三年の柳田は、おそらくはある思想《イデオロギー》的な確信とともに稲を選んだ。それが昭和天皇の稲の祭り＝大嘗祭が挙行された年でもあったことは、やはり偶然ではあるまい。

初春の祭りには神の木を飾り立てる風習があり、広く全国にわたって共通であった。「北日本の兄弟たち」はこの習俗を携えながら、北へ北へと進んでいった、という。その正月の木の風習に関連して、柳田は以下のように述べている。

此枝《この》の大いに茂る如く、夏秋の稔りも豊かなれと祈願したものであるが、雪の国では広々とした庭先に畝を劃《かく》して、松の葉を早苗に見立て田植のわざを真似るのが通例であつた。稲はもと熱帯野生の草である。之《これ》を瑞穂の国に運び入れたのが、既に大いなる意思の力であつた。況《いわ》んや軒に届く程の深い雪の中でも、尚引続いて其《その》成熟を念じて居たのである。さればこそ新らしい代になつて、北は黒龍江の岸辺にさへも、米を作る者が出来て来たのである。信仰が民族の運命を左右した例として、我々に取つては此上も無い感激の種である。

稲を選んだ柳田国男が顕わにその姿を晒している一節である。黒龍江の岸辺の稲作ははたして、信仰が民族の運命を左右したと称されるべきことがらであったか。日本の大陸への侵略、植民地支配、国策としての満州移民といったひと連なりの政治の所産ではなかったか。わたしはとても、柳田の感激を共有することはできない。思えば、中世の懐かしい移民史もまた、はるかな昔の東北への侵略・植民地化・移民そのものではなかったか。稲を選んだ柳田は、大仰な感激の身振りの底に、それらの「現在の事実」を封じ込めた。そこに「隠蔽」があったことに、わたしは同意する。

柳田はたしかに稲を選んだ。遠い故郷の亜熱帯の草である稲を携え、北へ北へとこの国を開いてきた民族である日本人は、稲の祭りと信仰に生きる人々であった、と柳田はくりかえし語った。明治四十年代から、すでにそうした柳田の姿は確実にあった。昭和三年の『雪国の春』には、多くの祀り棄てのプロセスを経てきた果ての、あきらかに思想的に稲を選びとった柳田がいる。列島の南から北にいたるまで、稲のある風景によって塗り潰すことが可能であると信じられたとき、はじめて「民俗学」はその存在理由を獲得したのだ。柳田の「民俗学」は、その意味では、瑞穂の国の民俗学というイデオロギー性を色濃く身に帯びている。

いずれであれ、こうして柳田は稲と常民と祖霊が三位一体をなす「民俗学」の誕生の現場に立った。「民俗学」への本格的な道行きが開始される。『雪国の春』こそが、その出立の記念碑であった。『雪国の春』は東北を舞台として語られた、懐かしい追憶の物語である。この物語の甘やかな呪縛には、したたかな毒があり、多くの人々を無意識の去勢へと追いやってきた。東北の地から、『雪国の春』は読み破られねばならない、とあらためて思う。

柳田国男という思想の可能性の鉱脈を、ことにその前期のテクストのなかから掘り起こす試みを続けてきた。柳田自身の後期の思想が周縁部に、あるいは、はるかな外なる闇の底にうち棄てた可能性の小さな種子ばかりである。「民俗学」が排除したモノたち、物語という異形の身体、山の神や山人・アイヌの人々、漂泊の徒や被差別の民……、そのいずれもが稲作・常民・祖霊の周縁ないし外部であることは、いったい何を意味するのか。さらに、供犠や性にまつわる習俗や信仰、天皇制をめぐる問題がある。それらのすべてに背を向けた「民俗学」とは、そもそも何者なのか。

最後に、死滅の危機に瀕している「民俗学」を横目に見据えながら、呟きのごとくにひとつの問いを書き留めておきたい。たとえば、柳田の前期思想に導かれながら、いま、この時代に、もうひとつの民俗学への道行きを辿ることは可能か……、と。

『柳田国男の読み方』あとがき

はじめて柳田国男を読んだのは、いつのことであったか。二十代の前半であることは確実だが、不思議なほどに記憶から欠落している。いったい何を読んだのか、『遠野物語』であったような気はするが、それもたしかな記憶ではない。およそ鮮烈な出会いなどとは無縁な、たいした感動もない出会いだったにちがいない。二十代のわたしにとって、柳田国男などその程度の存在にすぎなかった。

むしろ、柳田との出会いといえるものがわたしにあるとしたら、それは筑摩書房版の『定本柳田國男集』全三十六巻を手に入れたときのことだ。二十代も終わりに近い、ある夏の午後であった。高校生の頃から、暇さえあれば通った古本屋さんが国立にあった。国立スカラ座という映画館の近くの谷川《やがわ》書店である。スカラ座は跡形もなく消えたが、谷川書店はいまも旭通りに健在だ。『定本柳田國男集』はそこで買った。たしか四万五千円の値段だった。初版の、固い箱入りのもので、読まれた形跡はまるでなかった。格安だったが、当時のわたしにとってはかなりの勇気がいる買い物だった。段ボール箱に詰め、自転車の荷台にくくりつけて、国分寺のアパートまで運んだ。荷台から伝わってくるずっしりとした重量感が、心地よかった。

とても懐かしい思い出である。もし、わたしがその日、谷川書店で『定本柳田國男集』を買い求めていなかったら、柳田とのその後のつきあいはまったく色合いの異なるものになっていただろう。あるいは、本格的に柳田を読む仕事に足を踏み入れることもなかったかもしれない。いずれであれ、わたしの三十代はこの『定本柳田國男集』とともにあった。わたしが生まれてはじめて手に入れた全集である。そして、全集を読むことの不思議な快楽を教えてくれたのも、この『定本柳田國男集』だった。

今回の書き下ろしに際しては、当初、読みやすい文庫版の全集を使うつもりであった。しかし、結局、途中から使い慣れた『定本柳田國男集』にもどらざるをえなかった。やはり、わたしの柳田国男は『定本柳田國男集』のなかに宿っているのだ、とあらためて痛感している。本書の引用末尾に「定本第○巻」とあるのは、すべて『定本柳田國男集』からの引用であることをお断わりしておきたい。

さて、この『柳田国男の読み方』は、わたしが七、八年ほどのあいだ延々と続けている柳田の思想を発生的に読む作業の、途《みち》なかばにおける総括篇ともいうべき本である。柳田の思想的な限界と可能性をともに問う――、それがわたしの選んできた読みの作法であり、流儀であった。ここでも、そうした方法的立場は一貫している。

思えば、わたしが本格的に柳田国男を読んでみようと思い立った頃には、柳田を取り巻く空気はたいへん冷ややかな、白けたものだった。いまさら、どうして柳田国男なのか、という批判めいた冷笑の声をしばしば耳にした。七〇年代の柳田ブームが去ったあとの、抜け殻のような柳田国男がそこに転がっていた。しかし、わたしには奇妙な確信があった。柳田のテクストは、肯定／否定のどちらからもまともには読まれていない、だれもが自分に都合のいい柳田の断片を使い回して、まさに我田引水そのままに柳田を消費しているだけだ、柳田のテクストをひとつひとつ自分の眼で読んでみる価値は、いまだ十分すぎるほどにある、そう、ひそかに思った。そうして、柳田の思想を晩年からの予定調和の眼差しによってではなく、発生的に辿りつつ読む作業にとりかかった。

しかし、いつしか自分が心躍らせながら読んできた柳田が、もっぱら明治・大正期の、いわば「民俗学」以前の柳田のテクスト群であることにも気付かされた。柳田の後期思想である「民俗学」がみずからの周縁部に祓い棄ててきたものにたいして、尽きせぬ魅力を覚えている自分があった。『定本柳田國男集』の昏がりに埋もれている可能性の鉱脈を掘り起こしてみたい、と思うようになった。そうした志向に沿って読みを進めてきたわたしの、とりあえずの着地点が、この『柳田国男の読み方』には示されているはずだ。

柳田国男の現在は、毀誉褒貶が相半ばする混沌のなかに揺れている。そして、柳田のテクストだけは依然として、まともに読まれていない。テクストの外部を読むと称する柳田批判がしたり顔に流通しているが、それは結局のところ、柳田のテクストを読まずに柳田を称揚し、幻想のヴェールに覆い尽くしてきた七〇年代的な柳田ブームの裏返しにすぎないことを、はっきり知っておいたほうがいい。わたしにとって、柳田は自明なまでに一個の古典である。ところが、世間ではどうやら、柳田はいまだ古典であるためには生臭すぎる「現在の事実」であり続けているらしい。

くりかえすが、柳田国男は古典である。しかも、それはとびきり豊饒なる古典である。その確信だけはいささかも揺るがない。それにしても、正直に書きつけておけば、わたしは柳田の思想の全体像を描きうるだけの場所には到りついていない。それが可能なときがはたしてやって来るのか、それはいつのことか、自信をもって言挙げすることもできない。とはいえ、ようやく後期思想が射程に入ってきたこともまた、確実である。まだしばらくは、愚直きわまりない作法と流儀にしたがって、『定本柳田國男集』を解体しながら、発生的に再構成する読みの作業を重ねてゆきたい、と思う。

タイトルには相違して、およそ新書らしからぬ内容の本になってしまった。そのことに一抹の不安と悔いは残るが、やさしい仕掛け人である井崎正敏氏は、きっと溜め息混じりの苦笑とともに許してくれるはずだ。……さらに歩きつづけねばならない。

一九九四年七月　肘折の夜に

第二部　一国民俗学を越えて——未来への遺産

柳田国男／幻像としての常民

菅江真澄が描いた下北半島の繭玉の餅（「追柯呂能通度」より）

1

柳田国男における東北イメージの変容、ととりあえずいってみる。この変容のプロセスを辿ることはたぶん、そのままに、柳田の思想が初期において豊かに孕んでいた多くの可能性を削ぎおとしつつ、稲作と祖霊信仰を核にすえた常民の学へと収斂されてゆく過程に眼を凝らすことにひとしい。萌芽のうちに摘みとられ、常民の学の外縁部に祓いやられた対象《もの》は、たとえば被差別民であり、漂泊遍歴の民、先住民族の末裔《すえ》としての山人といった人々である。

のちに柳田は常民を規定するさいに、村落内の草分けや重立ちなどの上の階層と、漂泊をつねとする諸道諸職をのぞいた、そのはざまに位置する〝ごく普通の百姓〟として常民を抽出している（『郷土生活の研究法』）。柳田が被差別民・漂泊民・山人らを一つひとつ捨象していったはてに、常民という純化された概念装置に到りついた過程をおもえば、そこでの常民を規定する方法が消去法であったことは、示唆的といってよい。おそらく常民の学が誕生するためには、そのカテゴリーの外部に被差別民・漂泊民・山人といった異形異類のものたちを祀り棄て、消去してゆく作業が必要だったのである。消去という方法は供犠に似ている。

〝民族学はその発祥からして屍臭の漂う学問であった〟(『読売新聞』一九七〇・六・十二)とは、『遠野《とおの》物語』に寄せて語られた三島由紀夫の言葉であるが、わたしたちもまた、常民の学としての柳田民俗学の足もとに横たわる、常民によって駆逐され殺害された異形異類のものらの血まみれた屍を、たやすく忘却するわけにはゆかない。

2

播磨に生まれ、西国文化の伝統のなかに育った柳田国男がはじめて東北と出会い、それがやがて『遠野物語』へと美しく結晶し、民俗学的探究の起点ともなったことは、偶然ではない。あきらかに柳田民俗学は、東国/西国という異質な文化・伝統が相接するあわいに産ぶ声をあげたのである。内なる異文化としての東北との遭遇体験は、『遠野物語』以後の柳田の知の軌跡のうえに、ほとんど決定的ともいえる大きな影を落としつづける。後年、常民の学へと転換をはかりつつあった柳田の前に、ある特権的な意味をおびて迫りあがってきたのも東北、しかも山人のいない東北とは異質なもうひとつの東北であったことは、のちに触れることになる。

『遠野物語』(明治四十三年)は、むろん山人の書である。その序文に記された、〝国内の山村にして遠野より更に物深き所には又無数の山神山人の伝説あるべし。願はくは之を語りて平地人を戦慄せしめよ〟という、若き柳田の熱にうなされたような山人憧憬の叫びを読んだ者はだれしも、それを否定しない。たしかに『遠野物語』が、わたしたちの眼前に浮き彫りにするのは、遠野の里人と山の異人たちとの不可思議な交通の風景である。

異文化としての東北との遭遇が『遠野物語』に結晶した、とさきに書いた。が、そこでの東北が、佐々木喜善という語り部《ストーリー・テラー》をつうじて接した伝承・民譚のなかの東北であったことを、見逃すわけにはいかない。柳田は『遠野物語』の序文、山人へのあの熱い憧憬をほとばしらせたすぐかたわらに、はじめての遠野への旅の印象を書きとめている。この、生身で触れた東北のイメージが、伝承を媒介としてかたちづくられた東北像とやや異質な肌合いを感じさせるのは、当然とはいえ、関心をひく。

昨年八月の末自分は遠野郷に遊びたり。花巻より十余里の路上には町場三ケ所あり。其《その》他は唯青き山と原野なり。……遠野の城下は則ち煙花《えんか》の街なり。馬を駅亭の主人に借りて独り郊外の村々を巡りたり。……猿ケ石の渓谷は土肥えてよく拓けたり。路傍に石塔の多きこと諸国其比を知らず。高処より展望すれば早稲《わせ》正に熟し晩稲《おくて》は花盛にて水は悉《ことごと》く落ちて川に在り。稲の色合は種類によりて様々なり。三つ四つ五つの田を続けて稲の色の同じきは即ち一家に属する田にして所謂名処《みようしよ》の同じきなるべし。……附馬牛《つくもうし》の谷へ越ゆれば早池《はやち》峯《ね》の山は淡く霞み山の形は菅笠の如く又片仮名のへの字に似たり。此谷は稲熟すること更に遅く満目一色に青し。細き田中の道を行けば名を知らぬ鳥ありて

雛を連れて横ぎりたり。（定本第四巻）

柳田はつづけて、天神山の祭りの獅子踊、盂蘭盆に魂を招くためにあげる紅白の旗、観音堂の灯火と伏鉦の音、道ちがえの雨風祭の藁人形といった光景を点描してゆく。そして、あたりまえのことではあるが、ここには山人はその影すらもない。かわりに柳田が描いているのは、人煙もまれな青い山と原野のなかにひらけた町場の周囲の、狭い谷にある早稲や晩稲の田であり、そこに生きる農民たちの祭りや習俗、である。

『遠野物語』にあつめられた民譚のなかに、イエの盛衰をめぐる話が比較的数多く含まれていることも注意されてよい。一例だけ引いてみる。

オクナイサマを祭れば幸多し。土淵《つちぶち》村大字柏崎の長者阿部氏、村にては田圃《たんぼ》の家《うち》と云ふ。此家にて或年田植の人手足らず、明日は空も怪しきに、僅《わずか》ばかりの田を植ゑ残すことかなどつぶやきてありしに、ふと何方《いずち》よりとも無く丈低き小僧一人来りて、おのれも手伝ひ申さんと云ふに任せて働かせ置きしに、午飯《ひるめし》時に飯を食はせんとて尋ねたれど見えず。やがて再び帰り来て終日、代《しろ》を掻きよく働きて呉《く》れしかば、其日に植ゑはてたり。どこの人かは知らぬが、晩には来て物を食ひたまへと誘ひしが、日暮れて又其影見えず。家に帰りて見れば、縁側に小さき泥の足跡あまたありて、段々に座敷に入り、オクナイサ

マの神棚の所に止《とど》まりてありしかば、さてはと思ひて其扉を開き見れば、神像の腰より下は田の泥にまみれていませし由。（一五）

このほか、ザシキワラシ（一七・一八）やマヨヒガ（六三）といった、怪異をしめす存在との交通が、イエの盛衰と結びつけて語られる民譚がいくつもみえるし、イエを主題とする話にひろげれば、意外なほど数多く含まれていることが気付かれるはずだ。柳田がのちに祖先崇拝とイエ永続を核とした常民の民俗学をうちたてる、その萌芽はすでに早く『遠野物語』のなかにも存在した、というべきだろう。

『遠野物語』と、それに先行する『後狩詞記《のちのかりことばのき》』（明治四十二年）にはじまった山人への関心は、「山神とヲコゼ」（明治四十三〜四年）、「山人外伝資料」（大正二〜六年）などをへて、『山の人生』（大正十五年）にいたって集約され結実をみる。柳田の被差別民・漂泊民にたいする言及がほぼ消えるのが、大正十年の「俗聖沿革史」（中断）であるとすれば、山人にたいする関心のほうは、『山の人生』を境にしだいに表層から隠されていった、といえる。戦後になって『妖怪談義』に収録されたいくつかの論考、昭和十二年の「山立と山臥」（『山村生活の研究』所収）のなかに、わずかに山人は淡い残影を曳くのみとなる。

被差別民・漂泊民・山人らを周到にみずからの圏域から逐いやらいつつ、常民と祖先崇拝を基底にもつ柳田民俗学はこうして、大正末から昭和のはじめにかけての時期に輪郭を鮮やかにきわだたせてゆく。山人から常民へ、という転換図式がしばしば語られ、その移行の結節点には『雪国の春』(昭和三年)が位置づけられる(たとえば『対話「東北」論』における岩本由輝・樺山紘一)。しかし、柳田の常民(概念として流動的であるが……)と祖先崇拝にむけた眼差しは、すでに触れたが、『遠野物語』という山人の書の底にも垣間見える。柳田はもっとも早い段階から、祖先崇拝やイエ永続の願いについて語っている(『時代ト農政』明治四十三年)。いわば、周縁的であった主題が立論の中心にすえられ、他を排斥する特権的な位置づけをあたえられるのが、昭和初期であったとかんがえられる。

そうした意味において、しだいに柳田民俗学が常民と祖先崇拝を核として再編されてゆく大正末期、より厳密にいえば大正十四年に、「山の人生」(一〜八月、『アサヒグラフ』連載)と「雪国の春」(一月、『婦人の友』)が時期《とき》を同じくして書かれていたことは、象徴的である。「山の人生」は翌十五年十一月、「雪国の春」は昭和三年二月にそれぞれ同名の単行本におさめ刊行される。その間わずか一年と数カ月にすぎないことに、眼をとめておきたい。大正半ばから末にかけての時期は、柳田の内部で、被差別民・漂泊民・山人らの非常民と常民とが激しいせめぎ合いを演じた、最後の季節であったのかもしれない。

すでに別の箇所で論じたことがある(『異人論序説』第一章Ⅲ「山人譚という装置」)のだが、『山の人生』の次の一節は、わたしにとってはやはり鮮烈な忘れがたいものである。

〔神隠しにあった嫁にかんする〕精密な記憶が家に伝はつて居り、いつの頃よりか不滅院量外保寿大姉といふ戒名を附けて祀つて居た。家門を中心とした前代の信仰生活を、細かに比較研究した上で無ければ断定も下されぬが、恐らくは是《これ》が神隠しに対する、一つ昔の我々の態度であつて、仮に唯一人の愛娘などを失うた淋しさは忍び難くとも、同時に之に由《よ》つて家の貴さ、血の清さを証明し得たのみならず、更に亦眷属郷党《またけんぞくきょうとう》の信仰を、統一することが出来たものでは無いかと思ふ。（定本第四巻）

柳田の眼差しはここで、山人と神隠しをめぐる民譚の底にうがたれた闇、そこに横たわる供犠《くぎ》の光景（排除とそれゆえの聖化）を冷徹に見すえている。そして、これこそが祖先崇拝とイエ永続の願いを裡側からささえる原理であり、メカニズムであることは疑いない。『山の人生』の片隅に埋めこまれた、この、ほとんど異形の趣きのある一節は、もしかすると柳田の山人論を根柢から一気に瓦解させかねぬ、危険な可能性を秘めていたといえるかもしれない。すくなくともそれは、『山の人生』にあつめられた数知れぬ山人譚の全体にたいし、たった数行の力で十分に拮抗しえている気がする。

しかし、幸か不幸か柳田のその後の軌跡は、みずからが『山の人生』のほんの一隅になにげなく書きつけた異形なる視座を、忘却の淵ふかくに沈めてしまった。仮りにそれが豊かに熟成をとげていたならば、わたしたちの見知ったものとはまるで異質な貌をもつ常民社会論への可能性がひらかれていたにちがいないのだが。とはいえ、むしろそれは、柳田以後を生きる、わたしたちの現在にこそ突きつけられた課題であるのかもしれない。いずれにせよ、山人譚の裡側に透けてみえた、祖先崇拝とイエ永続の願いが秘める血ぬられた排除の構造とは無縁のところで、牧歌的な光に包まれた常民とその世界の像《イメージ》が紡がれていった。それはむろん、山人という異質なるものを視野のそとに放逐した末の、方法的な帰結であったといってよい。

3

『雪国の春』は山人から常民への転換の書といわれるが、全体がそのトーンに貫かれているかといえば、けっしてそうではない。わたしのみるところ、わずかに「雪国の春」の終章と、それを承けるかたちで、『雪国の春』刊行の前月に書き下ろされたとおもわれる「真澄遊覧記を読む」(昭和三年一月十六日)のなかに、常民の学への志向が覗けているだけだ。それがともに、東北の正月行事にかかわる文章であることは偶然ではない。

岩本由輝が『対話「東北」論』の「外からの東北像」の章で、こう語っている。

おなじく東北を見ている目でも『遠野物語』と『雪国の春』とでは大きくちがいますね。その間に十八年の時間の流れがあるわけですが、やっぱり常民を主体に据えるようになって『雪国の春』が出てくるのですよ。

だが、『遠野物語』と『雪国の春』を分かつものは、たんに十八年という歳月の隔たりではない。『雪国の春』に収録された文章は、その中心におかれた「豆手帖から」（大正九年）をはじめ、大半が紀行文であることに注意したい。いうまでもなく『遠野物語』は紀行ではなく、民譚集である。説話や伝承をつうじて獲得された山人のいる東北の像が、実際にあるいて見聞した東北と異なったものであるのは、当然といえば当然のことだ。わたしたちはさきに、『遠野物語』の序文にみえる、遠野へのはじめての旅の短い紀行のうえに、山人がその影すらも見出されないことには触れた。山人のいない東北はだから、『雪国の春』をまつまでもなく、すでに先取り的に『遠野物語』の序文に書かれていたともいえるのではないか。

山人のいる東北のイメージは、柳田がはじめて遠野の地に足を踏み入れた瞬間《とき》から、なし崩しに破綻への途をあゆみだしていたのかもしれない。柳田の描いた山人がある種の幻像としてあった、といい換えてみても同じことだ。柳田は山人のかわりに常民のいる東北を、「雪国の春」や「真澄遊覧記を読む」のなかで語りはじめる。とはいえ、それは幻像としての山人から実像としての常民への移行、といったことを意味するわけではない。じつのところ、稲作と祖先崇拝という二つの指標のもとに造型されてゆく、柳田の常民もまた、山人とは位相はちがうが、同様にひとつのフィクショナルな幻像ではあった。(補註1)わたしたちはそれを、「真澄遊覧記を読む」という十数ページ足らずの論考の読解をつうじて明らかにしてみたい。それは同時に、稲をつくり祖霊に信仰篤い常民たちの東北、というイメージの虚構性をあかるみに出す作業ともなるはずである。

ところで、柳田は「雪国の春」の終章に、東北の正月行事のいくつかを印象深く書きとめている。鳥追い・火の占い・粟穂稲穂の呪《まじな》い・穀祭りの来訪者・神木を飾りたてる習い……など、いずれも稲作農耕に多少の関わりがあるらしい。柳田はおそらくそれを、生涯を旅についやした民俗学の先達ともいうべき菅江真澄の残した膨大な日記(『菅江真澄遊覧記』全集一~四巻)を、主たる情報源として書いている。そのことは「真澄遊覧記を読む」が、期せずして「雪国の春」の終章の詳述となっていることからもうかがえる。「真澄遊覧記を読む」の冒頭ちかくに〝雪国の春を校正する片手に、ふと心付いて拾ひ読みに、再び幾つかの巻の正月の条を出して見た〟とあるが、そこに〝再び〟とは、「雪国の春」の終章を承けているとみてさしつかえない。

「雪国の春」の以下のくだりは、もっとも濃密に柳田のモチーフの所在を語っているようにみえる。

家の内の春は此木《この》〔初春に飾りたてる神木〕を中心として栄えるが、更に外に出ると門口にも若木を立て、それから田に行つても亦《また》茂つた樹の枝を挿して祝した。此枝の大いに茂る如く、夏秋の稔りも豊かなれと祈願したものであるが、雪の国では広々とした庭先に畝を劃《かく》して、松の葉を早苗に見立て田植のわざを真似るのが通例であつた。稲はもと熱帯野生の草である。之《これ》を瑞穂の国に運び入れたのが、既に大いなる意思の力であつた。されば況《いわ》んや軒に届く程の深い雪の中でも、尚引続いて其《その》成熟を念じて居たのである。されば こそ新らしい代になつて、北は黒龍江の岸辺にさへも、米を作る者が出来て来たのである。信仰が民族の運命を左右した例として、我々に取つては此上も無い感激の種である。

（定本第二巻）

イエの繁栄や田の稔りの豊かさへの祈願を主題とするものとして、正月行事が描写されているのが目につく。田や稲に執拗にこだわりつつ、柳田が結像させようと試みているのは、たぶん〝瑞穂の国〟のオオミタカラたちの東北というイメージであったはずだ。そして、「真澄遊覧記を読む」という論考の全体を色濃くおおっているのもまた、稲と常民（＝「ごく普通の百姓」）のかたちづくる〝瑞穂の国〟、その古さびた物語の定型であることは否定しがたい。柳田自身、そこに〝自分が頻《しき》りに興味を持つミタマの飯、ヲカの餅の風習〟と書きつけていることは、注目されよう。

ここにいうミタマの飯は、のちに『先祖の話』という祖先崇拝を本格的に跡づけ理論化しようとした著作（昭和二十一年）に、重要なキーワードとして使われることになる。柳田が「真澄遊覧記を読む」のなかで、そのミタマの飯を主要な関心のありかのひとつとして表明していることは、やはり見逃すわけにはいかない。

『先祖の話』に描かれた、稲と祖霊と常民のいる風景をささえている大きな拠りどころ（のひとつ）は、雪深い〝瑞穂の国〟という東北イメージであった。軒に届くほどの雪に埋もれながら、なお稲の熟成に祈りをささげる東北の正月風景を語り、稲への祈りと信仰が民族の運命を左右し、その原質を決定づけた、と感激をあらわにしたのは「雪国の春」の柳田である。大正末から昭和初期、常民の学として民俗学を再編してゆこうとする柳田の前に、菅江真澄の残した膨大な日記がどれほど魅力的な、たのもしい先達の書と映ったかは想像にかたくない。常民の学への起点として評価される『雪国の春』、その冒頭ちかくに柳田は、「真澄遊覧記を読む」という特異な貌をもつ論考をわざわざ書き下ろしのうえで配した。〝雪国の春を校正する片手に、ふと心付いて拾ひ読みに……〟と。それは結局、『雪国の春』をたんなる東北紀行ではない、重要な思想上の転換を刻印された書物へと変貌させてしまった。

さて、わたしたちはようやく、この「真澄遊覧記を読む」という論考を読む作業へとおもむくべきときが来たようである。

4

膨大な量にのぼる菅江真澄の日記から、何をとり、何を捨てたか。それを探ることで、柳田がどのような東北の像《イメージ》を眼前に結ばせようとしていたかが見えてくる。何が篩《ふるい》にかけて捨てられたかに、とりわけ眼を凝らす必要がある。

まず、真澄によるはじめての雪の正月の記録がみえる「小野のふるさと」を例としよう。天明五（一七八五）年、秋田の雄勝郡（湯沢市）に真澄はあたらしい春を迎える。柳田は真澄の日記を以下のように再構成しつつ、雪国の春景色をきわやかに浮かびあがらせている。

> 栗穂稲穂は信州など、もちがつて、此辺のは餅を以て其《その》形を作つた。ヲカの餅といふのが奥羽の各地の習ひであつたが、餅を瓢箪の形に中凹みに平めて、家内の男子の数だけこしらへて神に供へた。歳棚の上ではオケラといふ植物の根を焚き、其煙を衣類などにたき籠めて、悪い病を除けるといふ仕来りがあつた。七日の粥の日には村の内の子供たちが、祝言を述べて物を貰ひに来る風があつた。痩馬と名づけて松の葉に少しの穴銭を貫き、この馬痩せて候と言つて与へたとある。十四日の晩は「又の年越」と謂《い》つて、門毎の雪に柳の枝を折つて挿した。次の朝の鳥追ひは他の地方も同じであつたが、此辺で

は餅花を鳥追菓子と名づけて、犬猫花紅葉色々の形に彩色した餅を、重箱に入れて互に贈答した。夜に入つてからは例の十二ヶ月の年占があつた。此辺で行はれた方式の一つは、田結びと称して十二本の藁を把り、其中程を隠して端の方を二本づゝ結び合せる。偶然に長く繋がるのを田が広いと謂つて、其年豊作の兆として悦んだとある。餅焼きといふのも元は年占であつたらうが、もう此頃から之を縁結びの戯れに応用して居る。

（定本第二巻、傍点引用者）

そのほとんどが稲作とイエをめぐる信仰によって彩色された、のどかな正月風景である。雪深い東北の春は、〝瑞穂の国〟とオオミタカラの位相において抽象され、それに沿った単色のイメージを施されている。真澄の日記原文と対照するとき、柳田の落としたものと、それゆえ逆に、柳田が志向していたものとが浮き彫りになる。

ひとつは、非農耕的な儀礼や呪《まじな》いである。病の神を逐いやらうための灸（八日）、盗人よけの呪術であるおとこむすび・庚申（十日）、日記せる牒の祝い（十一日）、門ごとに挿す柳（十四日）などを省くことによって、雪国の春を包む稲作の色合いは濃密なものとなっている。

いまひとつ、わたしたちの関心をひくのは、七日の記述から、〝万歳のうたひごゑ、あきのさし、ふくだはら、ぢちのこがねの箱など、家〳〵に、ものもらふ、かたゐの出入ありく〟（『菅江真澄全集』第一巻）という、真澄の原文にある一行がすっぽり落とされていることである。全集に附された註によれば、〝万歳〟は秋田万歳、〝あきのさし〟は明きの方から福の神がまいったと祝言をのべる、〝ふくだはら〟は小さな俵を転がしながら祝言をのべる、〝ぢちのこがねの箱〟は千両箱をたずさえて祝言をのべる、いずれも初春に家々の門にたって言寿《ことほ》ぎする雑芸の民・乞食《かたい》である。かつての柳田であれば、落とすはずのなかった一文といってよい。

「真澄遊覧記を読む」の別の箇所には、たしかに田植え踊りをするエンブリ摺りや、旅役者・獅子舞い・鳥追い・座頭イタコ・瞽の巫女らにたいする言及が散見される。しかし、総じてその印象は意外なほどに稀薄である。それはたぶん、そうした外なる世界からの訪れ人である雑芸の徒が、あくまで稲の稔りやイエの繁栄を言寿ぎするだけで、村とそこに生きる人々にたいして、補完的ないし従属的な役割しかあたえられていないことによっている。(補註2)

旅わたらいの雑芸者と村の関係はどこかしら親和の光に浸され、そこには対立や葛藤、それに差別や排除の影といったものが射しいる余地はない。たとえば、「真澄遊覧記を読む」のおわりに、柳田は一章をさいて奥州の座頭たちの生活を綴っている。こんな一節がみえる、〝前沢の町には正保といふボサマが居て、折々同席して話をすることもあつた。一通りは歌も詠んで、彼が松前に立つ前などは送別の吟を寄せて居る〟。この座頭は旅わたらいの雑芸の徒であるにもかかわらず、柳田の筆はそれを〝町には……居て〟と、定住生活者とも読めるように描いている。あるいは、〝冬籠りの奥羽の村では、以前は座頭は欠くべからざる刺戟機関であつた。殊に正月も稍末になつて、再び爐の側の沈黙が始まらうとする頃には、若い者や小児は堪へ兼ねてボサマの訪問を待つて居た〟。もはや座頭にむけた畏怖の眼差し、はない。そしてまた、吹雪のなかを弟子と二人杖をたずさえ前のめりにゆく、盲人《めしいびと》らの旅わたらいの境涯にむけた熱い眼差しも、ここにはない。

有泉貞夫の「祖先崇拝と差別」という副題をもつ、刺戟的な柳田国男論を想起してもよい。有泉はこう書いている、——〝昭和初期に入ってから柳田が漂泊者をとり上げる場合、常民の生活に対する整合的補完機能の面においてのみ、それを問題にしていることが注目される〟(「柳田国男考」『展望』一九七二年六月号)と。「真澄遊覧記を読む」という昭和三年の論考を前にして、わたしたちは有泉の指摘に大筋のところで同意することができる。

稲作農耕に関わりをもたぬ儀礼や行事を背景にしりぞけ、常民にあらざる賤しい雑芸の者たちを、稲と常民にたいして補完的・従属的な場所に囲いこみ、またときには、ひそかに視界のそとへ祀り棄てるとき、そこには自己完結的な、稲をつくり祖霊に信仰篤い常民のいる東北の村々の〝のんびりとした初春の光景〟(柳田)が鮮やかに輪郭をあらわすことになった。

ここでも柳田の方法は消去法である。それは無意識に供犠を模倣＝反復する。非稲作的・非常民的な事象を一つひとつ消去し、祓いやらうことで、はからずも稲と常民のいる風景が純粋培養されたかたちで抽出される。柳田が「真澄遊覧記を読む」において、常民のいる東北をたぐり寄せるために択んだ方法が消去法であることは、やはり象徴的な意味をおびているようにおもわれる。

5

さらに、わたしたちは柳田自身が〝真澄遺稿の最も価値多き巻〟のひとつにかぞえた「奥の手風《てぶり》俗」をとりあげ、検討してみたい。寛政六（一七九四）年正月、下北半島の田名部の町（むつ市）に真澄は滞在している。その記録が柳田によれば、〝殆と之を我々に伝へんとして用意して置いたかの如く〟、絵も文章も完備したかたちで残されている。

柳田はそこに、後年の『先祖の話』を想わせるような言葉を書きとめていた。それを読めば、柳田が「奥の手風俗」をもっとも価値多き巻と評したことが、よく納得される。柳田はあるいは「奥の手風俗」に雪国の春の祖型的な姿をみいだし、そこから稲と祖霊と常民を基軸にすえた民俗学の構想へと、大きな一歩を踏みだしていったのかもしれない。

こんな一節である。

奥州の果まで来て見ると、いよ〳〵盆と正月との二つの行事が、もとは毎半年に繰返された同じ儀式であつたことが分る。除夜にはサイトリカバと謂《い》つて、白樺の皮を門火に焚くことは、他の山国の盆の夕も同じであつた。年棚にはミタマの飯といふものを作つて、祖先の霊にさゝげた。（定本第二巻）

盆と正月の相似性・祖霊信仰としてのミタマの飯、これらが『先祖の話』をつらぬく重要なテーマであったことは指摘するまでもあるまい。ミタマを祖先の霊とじかに結ぶことには留保をしたい気がするが、真澄の日記に、一族が寄りあつまり、梁《はり》から降ろしたミタマの飯を仏前にそなえ、〝親神とて、あが親のなきたまをよばふ〟（男鹿の寒風）とあり、とりあえずミタマ＝祖霊説はそれとして受容しておいてもよいだろう。

ここでも、わたしたちは「真澄遊覧記を読む」と真澄の日記原文を対照しつつ、柳田の取捨選択の底にひそむ志向性といったものを探ってみたい。以下、日付けの順に記録された正月行事を逐一おってみることにする。末尾の＊印は、真澄の日記にはあるが柳田が採用していない項目である。

二日　深夜のみやしろ参拝（＊）、若水汲み（＊）。
四日　節分の豆まき、灰うら（＊）。
六日　屋内の大柱に松をたて、鱈や鮭の大魚を供える（――柳田は餅も供えたと書いているが、原文には見当たらない)。
八日　七草の粥。
九日　初酉の日、酉という字を紙に書いて門の戸に逆さに貼る（＊）。
十一日　大畑の湊で船玉の祝、初町。
十三日　目名という近隣の村のうばそく（優婆塞＝山伏）ら、家々を獅子舞いしてまわる。
十四日　粟穂・繭玉の餅（＊）。夕刻より、春田打つ男の人形《かたしろ》を盆にのせて手にもった少年たちが「春の初めにかせぎとりが参った」と訪れ、餅をもらって帰る。また、十四日の年越しに、魚のヒレや皮を焦がして餅とともに串に刺し、すべての入口や窓に挿すヤラクサという呪いをする。
十五日　男童は菅大臣のまつり（＊）、女童は雛まつり。昼頃、田植えの群女《むれりめ》が、田植え唄(柳田の原文では詞章内容に異同がある)を唱えてまわる。
十六日　田植え女多く群れあるく。白粥をなめるためし（＊）。
二十日　めだしの祝（＊）。家ごとに繭玉の餅をとりおさめ、粟穂・稗穂の餅を刈りとり、人にもミタマにも供える（＊）。
例によって、柳田は餅のある正月風景、初春に門々をめぐる獅子舞いや、田植えとよばれ、田植え唄を唱えてまわる雑芸の徒らの姿を巧みに点描してゆく。本州最北端にちかい下北半島、そこに年ごとにくりかえされる正月行事や儀礼のうえにも、稲と祖霊と常民のいる東北のイメージは色濃《こま》やかに揺曳している。

柳田が落とした正月行事に眼をこらしているうちに、ひとつささやかな疑問が芽生える。十四日の項に粟穂・繭玉の餅、二十日の項にも再び、繭玉の餅と粟穂・稗穂の餅をめぐる儀礼がみえるが、柳田は採りあげていない。偶然であろうか。また、そこに、あってしかるべき稲穂の餅が含まれていないのはなぜか。

この、穀物や繭をかたどった餅を鴨居や柱などに飾る行事は、真澄の日記のあちこちに散見する。〝いなほ、あわほのもちゐ〟（小野のふるさと）、〝あはぼ、いなぼ、まゆだまになずらへしもち〟（追柯呂能通度《つがろのつと》）、〝粟穂のもち、稲穂のもち、繭玉のもち〟（秀酒企《すすき》の温濤《いでゆ》）などを、たやすく拾いあげることができる。東北ではごく普通にみられた、稲や粟の豊かな稔りを祈り養蚕を予祝する正月行事だったのである。ところで、わたしが拾った事例ではいずれも、作為にもとづく抽出ではないにもかかわらず、稲穂と粟穂（また繭玉）が並列的に組み合わされていることに注意したい。柳田が故意にか偶然にか触れることを避けた、下北の春景色のひとコマである粟穂・繭玉の餅の儀礼はそれゆえ、稲穂の餅を欠いている点で、たいへん異例なもののようにおもわれてくる。真澄が書き落としたとはかんがえにくい。十四日と二十日の項にともに、稲穂の餅がみえていないのだから。

その小さな謎を追っているうちに、東洋文庫本の「奥のてぶり」に附された註のなかで、次のような驚くべき記述にぶつかった。編者は内田武志・宮本常一の二人であるから、どちらかが書いたものとみてよい。十六日に白粥をたべる習俗があったが、それにたいする註である。

正月十五日に、粥に餅か小豆を入れて食べるところが全国に多いが、下北半島では米をほとんど作らなかったので、米の餅を用いることが少なかったのだろう。（傍点引用者）

下北半島では米をほとんど作らなかった――、こともなげに投げだされた、この変更がきかぬ歴史のなかの事実を前にしては茫然自失するほかはない。柳田が〝真澄遺稿の最も価値多き巻〟と評し、やがて『先祖の話』へと展開し結晶してゆく稲と祖霊と常民のいる〝瑞穂の国〟としての日本、という美しい観念《イメージ》の源泉（のすくなくも、ひとつ）であったかもしれぬ、菅江真澄寛政六年の日記「奥の手風俗」。柳田は書いていた、〝年棚にはミタマの飯といふものを作つて、祖先の霊にさゝげた〟と。〝瑞穂の国〟のオオミタカラ＝常民らの、敬虔なる祖先崇拝の原質的な光景をそこに認めたと信じ、柳田が祖霊にささげるミタマの飯について情熱をこめて語ったことは、おそらくまちがいあるまい。

ミタマの飯は正月に粥に入れて食べるのが通例であった。柳田はこの粥について、『先祖の話』の「みたまの飯」の末尾に、〝この粥は……初穂を神様にも参らせる最も清い食物だつた〟と記している。下北半島の米をつくらぬ常民たちが年棚に供えたミタマの飯もまた、神にささげる初穂と説明されるのだろうか。しかし、歳の市でほかの農作物などとひき換えに手に入れたはずの米が、神にささげる初穂であるとは、いかにも苦しい。あえて言ってみれば、米をつくらぬ常民たちのミタマの飯とは、擬制としての、幻影としての稲作儀礼である。

米は古代以来、支配—被支配をつなぐ「公」的な回路であった。米を媒介として、百姓《オオミタカラ》は国家の末端にくみこまれた、といってもよい。稲作にしたがわぬ民人《たみびと》はだから、市における交換をつうじて米を入手し、それをあらためて年貢や公事として領主のもとへ運んだ。米をつくらぬ常民たちが〝瑞穂の国〟という幻想へと連なるために、擬制としての稲作儀礼が必要とされた、というべきだろうか。軒に届くほどの深い雪のなかの〝瑞穂の国〟という東北像は、ここに破綻する。

わたしたちを悩ませた小さな謎は、こうして呆っ気なく氷解した。「奥の手風俗」に粟穂・稗穂や繭玉の餅だけがあり、稲穂の餅がみえないのは、下北半島の人々がたんに（!）米をつくらぬ常民であったがためにすぎない。かれらには稲穂をかたどった餅をつくる必然がなかった。稲の稔りを祈願しようにも、はじめから稲作とは無縁なオオミタカラであったのだから。雑芸の徒らの唱える田植え唄も、おそらくは稲作の予祝とは異なったレヴェルで、初春の言寿ぎの芸能として享受されていたものにちがいない。柳田は粟穂・繭玉の餅の儀礼を記述から落とした。故意か偶然か、それはわからない。ただ、この稲穂を欠いた正月儀礼が、柳田の拠ってたつ場所を足もとから崩しかねぬ、異形の光景であったことは確実である。

柳田が「奥の手風俗」を素材として描いてみせた、下北の春景色、その稲と祖霊と常民たちのいる閑《のど》やかなイメージの虚構性も見えてくる。たとえ、年棚にミタマの飯が供えられ、カセギドリの子供らに餅が配られ、田植えとよばれる漂泊の雑芸者が田植え唄を唱えて門々をめぐるとしても、下北の常民《オオミタカラ》たちが米をつくらなかった事実だけは動かしようもない。その米をつくらぬ常民たちの稲作儀礼とは、やはり擬制であり、幻影であったといわねばなるまい。同様に、それら稲をめぐる擬制の習俗を再構成しつつ築かれた、稲と祖霊と常民たちの東北という柳田の思い描いたイメージもまた、ひとつの幻影であったはずだ。

6

最後に、米をつくらぬ常民たちの東北が、じつは下北半島にのみ例外的に見出されるものではなかったことを指摘しておくべきだろう。

たとえば、盛岡藩では近世になっても検地をしなかったところが多い、という。稲がつくれなかったのである。たてまえは検地をやったことになっており、山奥の村では五斗代の田とか三斗代の田とかのかたちで検地帳に誌されている。実際には稲作をおこなわないが、年貢は五斗なり三斗なりの米で納めたのである（前掲『対話「東北」論』）。坪井洋文の『稲を選んだ日本人』には、その、同じ盛岡近辺の稲作についてこんな一節がみえる。

> 岩手県北部では稲作は終戦前後に始まったところが少なくないが……。このように、餅はおろか赤飯さえもつくることのできない村もあったが、田野畑地区あたりでは、牛の背に塩をつけて盛岡の町に出て、米や粟と交換し、正月の米餅と粟餅だけをついたが、元旦には米飯を食べ、餅はオヤツのようにして食べたともいう。

「奥の手風俗」のなかの年棚に供えた飯や、カセギドリの子らにあたえ、ヤラクサの呪いに使われた餅がどのような経路で獲得されたかは、坪井の語る岩手の例によってたやすく想像されよう。ここにもやはり、擬制としての稲をめぐる儀礼が正月風景のひとコマをなしていたらしい。

米をつくらぬ常民たちの東北――。それは疑いもなく、稲と祖霊と常民を基底にすえる柳田民俗学にむけた、怖るべき陰画として、下北半島の、岩手の山奥の軒まで届くほどに深い雪景色の底に埋もれている。

補註1 「幻像」であることそれ自体は、必ずしも否定性を刻印されていることを意味するわけではない。柳田その人は、折口信夫のマレビトを「実体」や「事実」に根差さぬ虚構《フイクシヨン》として斥けたが、おそらく柳田の山人はむろん常民すらも、折口のマレビトについてしばしば語られるように、ある理念的なフォークロア・イメージとして発見され、創造されたあらたな概念装置なのである。マレビトが虚構ならば、山人や常民もまた虚構であるということだ。幻像であることにも虚構であることにも、だから大した意味は含まれていない。むしろ、山人・常民そしてマレビトなどは、わたしたちの近代の知が獲得しえた数少ない創造的な概念装置である点においてこそ、最大限に評価されねばならないはずだ。こだわるべきは、それらの概念装置がどのような理念を負って創出されたか、それに媒介されて、どのような新しい風景が歴史や文化の内側からひらかれ溢れだしてくるか、といったことだろう。

わたし自身の柳田国男の思想（——「柳田民俗学」ではない）にむける関心は、本書〔砂子屋書房版『境界の発生』〕に所収の「柳田国男／幻像としての常民」「南方熊楠／山人への訣れ」を踏み台《ステップ・ボード》として、『創造の世界』に連載中（一九八八・十一、第68号より）の「柳田国男の発生」のなかで、これから全面的に展開してゆく予定である。持続的に参照願えれば幸いである。

補註2 こうした了解にたいしては、当然ながら批判が出されるにちがいない。たとえば、『雪国の春』を刊行直後に読んだ折口信夫が、「翁の発生」（昭和三年一月・三月）の一節で、以下のように感想を語っていることが注目される。すなわち、〝「雪国の春」を拝見すると、殆ど春のまれびと及び一人称発想の文学の発生と言ふ二つに、焦点を据ゑられてゐる様であります。殊に「真澄遊覧記を読む」の章の如きは、かの「なもみはげたか」の妖怪の百数十年前の状態を復元する事に、主力を集めてゐられます〟（全集第二巻）と。折口はあきらかに、『雪国の春』をマレビトの書として読んでいるのである。

もとよりそれを誤読と断じるつもりはない。ただ、折口のここでの読みが幾重にも屈折していることは指摘しておく必要がある。折口は先の引用を含む「翁の発生」の「一二　春のまれびと」の冒頭では、こうのべている、――〝柳田国男先生の「雪国の春」は、雪間の猫柳の輝く様な装ひを凝して、出ました。……殊に身一つにとって、はれがましい程の光栄に、自らみすぼらしさの顧みられるのは、春の鬼に関する愚かな仮説が、先生によって、見かけはすばかり立派に育てあげられてゐた事であります。此、真に、世の師弟の道を説く者に、絶好の例話として提供せらるべき事実であります〟と。折口と柳田との鋭い葛藤を孕んだ関係はよく知られているところだが、折口の『雪国の春』の読みの屈折の様をそこに見届けておけばよい。

わたしたちの関心はただ、たとえば真澄の「小野のふるさと」の正月七日の記事から、柳田が祝言をのべて歩く雑芸の民・乞食《かたい》を捨て、門々をめぐる村の子供らを取った、そのさりげない選択の手付き（操作）に向けられる。ともに、折口のいう〝春のまれびと〟であるとしても、雑芸の民／村の子供のあいだには見逃しがたい断層がある。「真澄遊覧記を読む」に描かれた〝春のまれびと〟が、村やイエにたいして補完的かつ従属的な役割しかあたえられていないという印象は、そうしたささやかな断層の裏側にこそ露わに覗けているにちがいない。

念のために、真澄と柳田の記述の該当箇所を以下に並べて引く。

・菅江真澄「小野のふるさと」

七日の粥は、おほそうふる里におなじ。万歳のうたひごゑ、あきのさし、ふくだはら、ぢちのこがねの箱など、家〳〵に、ものもらふ、かたゐ出入ありく。いやしに人来れば、手かけのおしきに、うちまき、ほしがき、こんぶ、栗盛出てけるを、いさ、かぬかさげて、酒のかはりとて銭つゝみたるを扇にのせて、さしいだしてかへる。又童べのくれば、やのあるじ、松の葉に銭貫きて、此馬やせてさふらふなどいひつゝやる。松の小枝にぜにつなぐことは、いで羽、みちのくに、ありとか。

・柳田国男「真澄遊覧記を読む」

七日の粥の日には村の内の子供たちが、祝言を述べて物を貰ひに来る風があつた。痩馬と名づけて松の葉に少しの穴銭を貫き、この馬痩せて候と言つて与へたとある。

（一九八七年）

一国民俗学を越えて

柳田国男『蝸牛考』(刀江書院)表紙・背

柳田批判の二つの潮流

近年の柳田国男にたいする批判の潮流には、大きな網をかぶせれば、あきらかに二つの流れが存在した。しかも、柳田批判という共通の立脚点があるがゆえに、しばしば両者が曖昧かつ奇妙な接近・遭遇を果たす姿が見られた。手垢まみれの柳田国男という神話のヴェールを剝がすために、意図的であるか否かは知らず、少なくとも結果として共同戦線が張られたのである。ある意味では、方位をまったく異にするはずの二つの批判の潮流が、野合にも似た連係プレーを行なう光景は、わたしの眼にはひどく政治臭いものに映った。それはたぶん、わたしの政治嫌いの体質が呼び込んだ幻影にすぎなかったであろうが、むしろ互いを打ち消しあうはずの言説がともに手を携える姿がもたらした、ざらつく異和の感覚だけは、やはり幻影ではない。

ひとつの流れは、村井紀や川村湊に代表されるような、柳田の思想や学問の全体を、植民地主義への関与とその隠蔽をもって、一気に否定し葬り去ろうとする立場である。あくまで牧歌的な、常民の暮らしや生業にかかわる、埋もれた歴史の掘り起こしに生涯を賭けた「日本民俗学の父」というイメージは、かれらの批判によって、手ひどい傷を蒙った。その大方は崩れ去った、と称してもいい。懐かしく牧歌的なイメージの裏側には、ある微妙な距離を取りながらのものとはいえ、生臭い政治との関わりが陰画のように貼り付いていた。村井・川村らの仕事は、それを実証的な手法によってではなく、どこか文学的な解釈とレトリックを最大限に駆使しながら、ある極限的な絵柄として示す企てであった。それはかなりの程度に、大衆的な成功を収めた。とはいえ、その成功はどこまでも局部的なものに留まる。柳田国男という神話に身を委ね、その温かな繭に包まれてあることすら自覚できず、ついには思想の継承とは熾烈な戦いでもあることを忘却した人々にとっては、眼を覆いたくなるほどの、許しがたい「秘密の暴露」であったかもしれない。柳田はこのとき、情緒的に失墜させられたのである。しかし、距離を置いて眺めれば、ひたすら人脈や状況証拠を楯としての批判のありようには、興醒めがする。それはいかにも古めかしい、七〇年代ならばどこにでも転がっていた、たとえば党派政治の手練《てだれ》たちが好みそうなやり口であった。

明らかなのはただ、柳田の政治との関わりがつねに中途半端な、色気だけはあるが、どこまでも実効性には欠ける代物であった、ということだ。柳田がみずからの思想の促しによって、具体的かつ実践的に、植民地主義に関与した形跡は認められない。みごとに隠蔽したからではない、隠蔽するほどにも深くは、関与それ自体ができなかったからである。念のために言い添えておけば、柳田の書誌目録のなかには、戦前／戦後のあいだに断絶が見られない。隠蔽を必要とするものは何ひとつなかった。改訂版と称して、戦前に刊行した著作に墨塗りを施し、恥じらいもなくみずからの思想を抹殺した、大方の学者や作家の群れを思い浮かべてみればいい。戦前に属する著作・論考・講演をひとつの例外もなしに、わずかな字句の訂正だけで、戦後になって再刊ないし刊行することができた柳田を、隠蔽をもって批判したところで、その思想の根っこには届かない。批判のやり方が誤っているのである。情緒的な揺さぶりによって崩れるほど、柳田はやわな思想家ではない。崩れ去ったのは、情緒的な信奉者たちが勝手に祀りあげてきた、もう一人の柳田国男にすぎない。

ともあれ柳田は、挫折ばかりを連ねた政治の人であった。柳田その人が、みずからが挫折した政治家であることを自覚し、それをあえて隠すこともしなかったことを、想起しておくのもいい。最晩年の回想、『故郷七十年』の「「民間伝承」のことなど」のなかで、柳田は語っていた、〝私の勉強は研究的であるとともに、じつはポリティック（政策的）であ〟った、と。ここには韜晦《とうかい》を見るべきなのか、よじれた隠蔽の痕を見るべきなのか。いずれであれ、柳田がみずからの学問がポリティック＝政策的であることを、十分すぎるほどに自覚していたことは確実だ。しかし、その政治はかぎりなく間接的な、それゆえに、逆にもっとも深く国民国家の懐に届くことが可能になった、見えにくい政治ではあった。

あるいは、川村湊がその『「大東亜民俗学」の虚実』のなかで、柳田が「大東亜民俗学」の構想を抱いていた唯一の証拠として取り上げた座談会「柳田国男氏を囲みて」（『民俗台湾』第三巻第一二号、一九四三年）にも、注目に値する発言が見られた。

政治家は、私共の若い頃は学問と無縁であると思つてゐましたが、必ずしもこの頃はさうではありませんからね。少し忍耐すれば政治家が利用してくれますから、事実を正確に伝へるといふ方法で、我々はいくのがいいのではないかと思ひます。私自身が政治家——成功しない政治家でありますから、ついそれがこんがらかつて困りますがね（笑声）。

この座談会そのものが、幾重にも政治的な背景をもって催されたことは、きちんと押さえておく必要がある。まず、仕掛け人の金関丈夫に、ある種の政治的な意図があったことは否定しがたい。金関は台湾研究について、〝実際的な時局協力〟の側面を明らかにしたいと述べている。柳田はその意図を汲んで、〝大東亜統一といふ大きな問題〟を枕詞のようにして話を始めたのである。そして、柳田はまた、このとき、まさに生臭い政治の渦中にあった。岡正雄の率いる民族学研究所の動きに向けての、剝き出しの対抗心を抱え込んでいた。いやおうなしに政治が絡まりついてくる。ともあれ、これは疑いもなく、どこか腰の引けた、時局迎合が色濃く感じられる座談会であった。そのなかで、柳田は自身を、〝成功しない政治家〟と評してみせたのである。あきらかに韜晦と屈折にみちた発言であった。政治を嫌悪することに慣れすぎた現代の感覚をもって、戦時下の、政治と無縁であり通すことがしたたかに困難であった状況の内なる発言を裁くことには、とりあえず関心がない。柳田はたしかに、成功しない、挫折した政治の人であった。それを確認しておけば足りる。思えば、経世済民の志とは、政治への関わりを抜きにしてありえぬことではなかったか。

柳田の政治はくりかえすが、植民地主義への関与や、時局への迎合といった側面においては、はなはだ曖昧かつ中途半端なものにすぎなかった。数え上げれば、おそらく際限もなく、その腰の定まらぬ転びの光景の断片は探し出せるはずだ。それらを丹念に拾い集め、人脈や状況証拠を接着剤にして繋ぎ合わせれば、陰謀家めいた柳田国男像が浮かび上がるかもしれない。新しい筑摩書房版の『柳田國男全集』には、可能なかぎり、著作・論考・講演・草稿のたぐいから、不確かな談話のかけらに到るまで網羅して、そのすべてが収録される。『定本柳田國男集』とは異なり、いっさいの意図的な落としはなく、むろん隠蔽もない。ただ、対談や座談会などは、量的な制限から収録を見送られ、また、決定的な資料ともなるはずの日記だけが、残念ながら、唯一の例外として収録できずに取り残される。これほど執念深く裸にされた学者・思想家の仕事は、たぶんほかには存在しない。したがって、お望みとあらば、これを手掛かりとして、陰謀家・柳田国男を浮き彫りにしてみればいい。無益な試みに終わるであろう、とわたし自身は想像している。

さて、いまひとつの柳田批判の流れは、いわゆる国民国家論の視座から、その思想的な本質を射抜こうとするものである。ここでの代表的な論客は子安宣邦であり、『近代知のアルケオロジー』に収められた「一国民俗学の成立」によって、その批判の輪郭をなぞることができる。わたしはこれまで、いくつかの偶然も手伝って、この子安の論考には一度も触れたことがない。『柳田国男の発生』の連載が幕を閉じるに際して、はじめて検証をしてみる気になった。子安の批判の焦点は、柳田自身が名づけ親でもある「一国民俗学」の成立、というところに絞り込まれている。この一国民俗学への立て籠もりは、思想の方位からすれば、植民地主義への関与とはまるで逆向きに働くものであり、論理の原則にしたがえば、とうてい両立しがたいことは明白である。一国民俗学は外への志向を抑圧し、内に身を閉ざすことを本質的な構えとするのにたいして、植民地主義は外に向けての剝き出しの欲望の所産である。この逆向きに働くヴェクトルゆえに、二つの柳田批判は峻別されねばならない、とわたしは考える。

しかしながら、子安はその論考の註のなかで、船木裕の『柳田国男外伝』と村井紀の『南島イデオロギーの発生』を並べて、それらは〝柳田民俗学が近代日本国家の政治意図とその実現過程を隠蔽した語りであることを余すところなく暴いている〟と、最大限に評価している。〝近代日本国家の政治意図とその実現過程〟とは、子安の文脈からすれば、国民国家としての近代日本の成立・展開にまつわる政治プロセスや、そこに絡みつくイデオロギーを指しているはずである。船木の仕事はそうしたテーマに沿って、じつに丹念に、秘められた政治の人・柳田国男に肉迫したものであり、疑いもなく労作である。ところが、村井の著書はもっぱら、植民地主義に生臭く関わりながら、それを徹底的に隠蔽した柳田という像を浮上させることに、筆の大半を費やしており、その限りで、子安の評価からは微妙に逸れるものである。村井はそこで、くりかえし〝帝国主義の担い手〟にして、〝日本の植民地政策の担い手〟であった柳田国男像を描いている。子安の論考は、当然とはいえ、帝国主義や植民地主義、それに関わるテーマにはいっさい言及していない。村井の『南島イデオロギーの発生』にたいする子安の評価は、いかにも唐突であり、木に竹を接《つ》いだ印象を否むことができない。

あるいは、川村湊の著書の「あとがき」には、〝そうした「新国学」「一国民俗学」「柳田民俗学」への批判が村井紀氏や子安宣邦氏によってなされ、日本民俗学プロパーから出てこない〟と、村井／子安の両者を並列させた一節が見える。また、川村は末尾の参考文献のなかに、参照はしたが本文中で触れていない一冊として、子安の『近代知のアルケオロジー』を挙げている。植民地主義への関与という切り口から、柳田をはじめとする多数の民俗学者・民族学者らを批判の俎上に乗せた川村が、なぜ子安の仕事へのこだわりを明示する必要があったのか。異質であるはずの柳田批判の二つの潮流が、奇妙な共同戦線を張る姿を、わたしはそこに認める。少なくとも、たしかに二つの潮流は、互いにエールを交換し合っているのである。とりあえず、それを確認しておけば足りる。

植民地主義／国民国家論のはざまに

むろん、あらかじめ弁明は用意されているはずだ。たとえば、村井／川村／子安のあいだでは、結果的にではあれ、その対象とする時期区分において、巧みに棲み分けがなされていることに注意したい。村井が扱ったのは、『遠野物語』に始まり、山人論の時代を潜り抜けて、南島をテコとした一国民俗学の成立に到る、明治末年から昭和初年にかけての時期である。子安は昭和七年を劃期として、一国民俗学の成立から敗戦による終焉までの時期を対象に択んだ。この一国民俗学の時代のなかに、思いがけぬ角度から、植民地主義の影を掘り当ててみせたのが川村であった。みごとな棲み分けである。柳田の思想と学問の全体がこうして、植民地主義／国民国家論という、逆向きのヴェクトルからの批判に挟撃されたことになる。柳田は避けがたく退路を断たれ、四面楚歌の状況へと追い込まれてゆく。

わたし自身は、柳田の一国民俗学の構想のなかに、消極的なものではあるが、昭和十年代の時局への、とりわけ朝鮮半島の植民地支配にたいする批判の意志を認める。これに関しては、『海の精神史』の第七章で論じているから、あえて繰り返すことはしない。参照していただければ幸いである。この一国民俗学の評価をめぐって、村井／川村／子安はそれぞれに批判を投げかけるが、そこには多様な眼差しが交錯するように見えて、じつは、ひとつの場所に収斂されてゆく群れの構図を看て取ることができる。試みにいま、それぞれの論考から関連する箇所を抜き出しつつ、わたしの関心に沿った腑分けを行なってみたい。

つまり「南島」はなにより「山人」（植民地問題＝異民族問題、直接的には「日韓併合」）を消去し、同質な「日本」及び「日本人」を追求する柳田が、いわば「政治」的に作為した場所なのである。それは少数性から多数性への「転向」であり、〝新国学〟（「一国民俗学」）への「転向」を意味する。（村井紀・前掲書〈増補・改訂版〉）

村井によれば、柳田は「日韓併合」という植民地問題に深く関与したが、それを起点としながら、内なる異民族問題としての「山人」（古代異民族・アイヌ民族・被差別部落民）の研究へと赴いた。大正末年になって、それは放棄される。そこに浮上してきた「南島」は、植民地主義への関わりを隠蔽・消去するために、柳田が政治的に作為した場所であった、という。このとき、「山人」という少数性から「常民」という多数性への転向が果たされるが、それは村井にとって、一国民俗学への転向と同義であるらしい。別の箇所では、〝「山人」という他者を見失い、以後自己同一的な「一国民俗学」に閉ざされてしまう〟と批判がなされている。一国民俗学とはつまり、異質な世界や他者性を回避することで見いだされた、同質性としての「日本」や「日本人」に向かう、閉ざされた知の運動であり、

「政治」であった、ということになるだろうか。

あらためて丁寧に読み込んでみたとき、ここに示された山人論から南島の「発見」、そして一国民俗学へと到る知のプロセスそれ自体は、これまで幾度となく語られてきた通説に近い了解であることに気付かされる。村井の独創はただ、そこに植民地主義への関与とその隠蔽という、新たな「政治」を指標とする解釈の枠組みを挿入したことに尽きる。柳田が法制官僚の一人として、「日韓併合」に関わった事実はたしかに否定しがたい。とはいえ、その担った役割がどの程度に重いものであったのか、具体的には何を行なったのか、あるいは、それはなぜ、一個の思想がひそかな擬装を凝らしつつ、精魂傾けて「隠蔽」を企てねばならぬほどに深々とした心的傷跡《トラウマ》でありえたのか、そう断定できる根拠はどこにあるのか、これらの核心をなす問いはみな、藪の中に放置されたままだ。異議を差し挟むことを許さぬ、独特の強度をそなえたアジテーションの文体がすべてを押し切ってゆく、そんな気にさせられる。しかし、明治生まれの知識人にして、青・壮年期を高級官僚として過ごした柳田に、たとえ「日韓併合」への生臭い関与という隠された履歴があったとしても、それが思想的な大転換を迫るほどに、深刻なトラウマと化して揺さぶりを掛け続けていたとは、とても思えない。

これにたいして、川村の批判は昭和十年代の一国民俗学に差し向けられている。

柳田国男の日韓を中心とした「民俗の比較」の排除は、日本民俗学において日韓の比較〔交渉、伝播〕を語るものを〝異端〟とした。〔……〕植民地支配下の朝鮮においてもありえたかもしれない朝鮮民俗学と日本民俗学との提携、交渉、交流は、「朝鮮民俗」において流産した。それは朝鮮民俗学の反日ナショナリズムより、柳田民俗学の「一国民俗学」という体質のほうが、より大きな責めを負わなければならないだろう。（川村湊・前掲書）

植民地支配という政治の下でもありえたかもしれない、と川村が想定する、民俗学の領域での日本／朝鮮の提携・交流を流産させた、その責めは、柳田の一国民俗学が負わなければならない、という。さらに、別の箇所では、比較民俗学の成立する可能性の高い日韓比較が、これまで双方においてほとんど行なわれずにきたのは、一国民俗学としての同質性によるものであり、それこそが柳田民俗学の遺産だった、と説かれている。奇妙にもどかしい、戸惑いを含んだ懐疑が湧いて起こる。柳田とその民俗学はいったい、それほどに巨大な存在であったのか、あり続けているのか。植民地支配という苛酷な現実に抗ってでも、柳田には朝鮮民俗学に手を差し伸べる責務があった、そう、川村は非難しているのである。

柳田がとりわけ昭和十年代、朝鮮半島の民俗調査や研究にたいして、意図的に距離を取ろうとしたことは、広く知られた事実である。一国民俗学的な志向がそこに影を落としていることもまた、疑うことはできない。その閉ざされた同質性への忌み籠もりの体質こそが、朝鮮民俗学との提携を拒んだ、と川村は考える。しかし、あの時代状況下にはたして、対等の関係に根ざした提携や交流といったものが、いかにして成り立ちえたというのか。わたしの理解はまるで逆向きである。この時代の柳田には、一国民俗学に身を閉ざし、いっさいの関わりをみずからと弟子たちに許さぬことによってしか、まさに植民地主義への加担を拒むことができなかったのではないか。一国民俗学の構想のなかに、たとえ消極的なものではあれ、社会を覆い尽くす植民地主義への批判の意志を見いだすのは、そのためである。少なくとも、海峡をはさんでの二つの民俗学の提携が、植民地主義に汚染されることなく可能であったとは思えない。たんなる夢物語にすぎない。それを現実的に必要としているのは、また、それが可能となりつつあるのは、まさにわたしたちの時代なのである。たとえば、川村がそのために働いていることは、わたしなりに承知しているつもりだ。

関心をそそられるのは、そうした日本／朝鮮の比較を退ける柳田のなかに、〝「抵抗」というような意味も見いだせるかもしれない〟と、村井紀が指摘していることである。むろん、村井はそれに続けて、〝しかし、見るべきなのはやはり、「比較」を無限に延期し、回避しようとする柳田の意思である〟といい、打ち消しの態度に転じてはいる。村井はまた、別のところで、〝その「一国民俗学」も、自閉性の一面、「帝国主義」を回避しようとする性質をもっている〟と述べている。あきらかに、一国民俗学がその自閉性ゆえに、帝国主義や植民地主義にたいする消極的な「抵抗」の意味合いを帯びることになった、いわば結果としての事実を認めているのである。これは論理の必然といっていい。わたし自身は、一国民俗学へと向かう柳田のなかに、ある種の「抵抗」の意志が潜在していたと想像するが、それは措く。いずれであれ、柳田の一国民俗学は、たとえば「帝国」日本のアジアにたいする植民地支配、その正当化と推進のためには、まるで無力な代物だった。小熊英二が『単一民族神話の起源』のなかで指摘していたように、それは〝多民族帝国の支配イデオロギー〟とはなりえない、あらかじめ内閉の枷をはめられた知の方法だったのである。一国民俗学と政治、または植民地主義との関係という側面にあっては、川村のどこか牧歌的な批判は的を外している。無い物ねだりに類する批判にすぎない。朝鮮半島の植民地支配にたいする関与をもって断罪され、関与を拒んだことをもって非難される。まるで父の受難の物語ではないか。子どもらは勝手に、父を巨大な権力者に祀り上げ、それを仮想敵にして闘いを演じるものだ。くりかえすが、柳田は挫折した政治の人にすぎない。その隠された陰の履歴のなかには、どれほど実効性のある政治への関与の跡が刻まれているのか、わたしは懐疑の眼でそれを眺めている。

「国民」とは個別の郷土研究の成果を、そして各地の平民の生活記録を一つの綜合へと読みとっていく柳田の学の主題であり、彼の学の論理である。民俗的素材を自国の内部観察者の親密な視線をもって読むことをいう彼のフォクロアの学とは、辺地の住民の習俗や俚謡を、また歴史外の平民の生活を「国民」を主題として解釈する学、その主題のもとに綜合する筋道をそれらに読みとっていく学だということができる。「一国民俗学」とはそのような学をいうのである。地方の俚謡や平民の衣食は既成の歴史を解きくずす外部としてあるのではない。それらは「国民」を主題とする「一国民俗学」の内部に読みこまれていく素材としてあるのだ。（子安宣邦・前掲書）

子安の一国民俗学批判もまた、ある意味では、柳田の政治を俎上に乗せてゆくが、それはおよそ、村井や川村が想定する政治とは位相を異にしたものである。子安によれば、一国民俗学とは、歴史の外にある平民の生活を「国民」を主題として解釈する学である、という。歴史家たちはそこに、〝官制の近代化と西洋化への抵抗〟を錯視しつつ、じつはそれこそが、〝もっとも強力な日本国家の近代化の言説〟であることを見失ってきた、そんな指摘も見られる。子安が斬り込みをかけるのは、たとえば「日韓併合」のような直接的な政治への関わりの有無とは無縁に、それよりもはるかに深い場所で推し進められた、もうひとつの政治である。

焦点を合わされているのは、日本国家の近代化と、そのもとでの「国民」の形成をめぐる問題である。柳田の一国民俗学は、平民や常民の埋もれた歴史の外なる歴史を同情とともに描き出すための学である、といった幻想が撒き散らされてきた。そうした幻想の縛りを受けながら、柳田の民俗学のなかに可能性として潜む（はずの）、日本国家が進める近代化への抵抗の論理が探り求められ、くりかえし語られてきた。それはまったくの錯視にすぎない、と子安は断って棄てる。柳田のいう平民や常民は、いわば装われた「国民」の言い換えであり、それを糧にして構築されてゆく一国民俗学とは、〝もっとも強力な日本国家の近代化の言説〟であったことを見逃してはならない、といったところか。

子安はまた、柳田のいわゆる経世済民の学への志について、それはより適切には、〝国民国家の真の内発的な形成への志向〟である、という。子安の眼差しはたいへん鋭利に、柳田の学の深みに届いている。わたし自身も、一国民俗学のなかに、「日本」という身体を下方から受肉させていく欲望を幾度となく看て取ってきた。しかし、それは同時に、柳田の抱え込んだ経世済民の志が具体的な形を得て、学の実践へと赴くときには、避けがたく〝国民国家の真の内発的な形成への志向〟として立ち現われざるをえない、時代状況の必然といったものを踏まえてのことだ。経世済民の志は透明な抽象ではなく、どこまでも実践を伴なう具体であった。そしてそれは、常民であれ国民であれ、いま・ここに生きてある人々に「幸福」をもたらす実践である、と信じられてもいた。柳田は疑いもなく、国民国家の生き死にとともに、みずからの思想や学問を鍛え上げてゆくことを願った人である。そこが子安の批判が逸れてゆく、微妙な分岐をなす地点である。

しかも、柳田はあきらかに、あの時代のなかで、もっとも正統的な保守派イデオローグの一人であった。柳田その人に、天皇制を無化する常民の論理やら、土着からの革命のヴィジョンやらを求めたところで、それは肩透かしを喰う。自明にすぎることだ。柳田は一人の保守派イデオローグとして、みずからの経世済民の志を国民国家の内発的な形成に向けて、あくまで学の実践をもって組織していった。それ以上でも、それ以下でもない、ただ、それだけのことではなかったか。なぜ、それではいけないのか、そう呟きながら、この時代の騒々しさをいぶかしげに眺めている柳田の姿が、ふと浮かんで消える。

子安の批判はそれゆえ、柳田の学を抵抗の論理として弄んだ人々への痛烈なしっぺ返しではありえても、柳田その人の思想にたいしては、何の痛痒も与えることができないメタ批評、あるいはイデオロギー批判の域に留まる。村井紀や川村湊の批判が、より露骨にイデオロギー批判であったことは、あらためて指摘するまでもない。問われているのは、ひとつの「古典」と化しつつある思想を、いま・ここから、いかに読み抜くことが可能か、その方法と流儀はどこにあるか、ということだ。いや、その限りにおいて、柳田はいまだ「過去の人」ではなく、そのテクストも「古典」にはなり切っていないのかもしれない。

近年のイデオロギー批判の隆盛は、裏側からそれを照らし出している気がする。しかし、断言してもいいが、柳田はすでに一個の「古典」である。戦争とそれに続いた混沌、また、六〇年代からの高度経済成長期を潜り抜けてきた、この時代にとって、柳田の膨大なテクストの群れは、ただ「古典」として読まれるべきものである。少なくとも、わたし一人は、そうした読みの方法と流儀を切実に必要としている。

国語統一政策の準備として

くりかえすが、子安による柳田のテクスト読解は、たいへん鋭利にその深みに突き刺さっている。しかし、それにもかかわらず、決定的な物足りなさの印象を拭うことができない。それは結局、国民国家論の視座からの、いわば批判のための批判に留まる。その批判の果てに新しい風景が開かれてくるといったことは、あえて言えば、まるでない。国民国家論という解釈の枠組みが、疑われることなき自明の前提となっていると同時に、すべてがそこに回収されて、つねに・すでに論が尽きる構造になっている。

わたし自身は、批判のための批判にはおよそ関心が湧かない。とりわけ、「古典」と化しているテクストにたいしては、この方法は無力である。なぜなら、柳田は確実に、みずからが〝もっとも強力な日本国家の近代化の言説〟の担い手であることを自覚していたし、むしろ、それこそが命を賭けるに値する仕事だと、自負をもって信じていたはずであるからだ。子安の批判に痛撃されたのは、ただ柳田を近代批判の旗手と錯誤しつつ、ほんのつかの間、土着からの革命や天皇制の超克を夢見た人々である。柳田自身にとっては、たんに半世紀も遅れてやって来た、正当ではあるが、凡庸にすぎる解釈にすぎない。柳田はたぶん、みずからが時代を「超越」した思想家であると錯覚するには、あまりに現実主義者であり、そんな夢に溺れている暇もなかったにちがいない。時代のなかの限界を踏まえながら、いま・ここからの可能性に向けて、テクストの読みの地平を開いてゆくこと、わたしはその一点に、柳田を読む意義を認めてきた。「超越」的な批判には関心がない。

柳田の一国民俗学の検証にとって、その『蝸牛考《かぎゅうこう》』の読解はもっとも重要な意味を有する。この『蝸牛考』は、いわゆる方言周圏論を実証的に浮き彫りにした著作として知られ、たいへん鮮やかに一国民俗学の構造を物語っているからである。子安もまた、それを取り上げてはいるが、そこでの読みは思いがけず切っ先が鈍く、骨を断ち損ねている。批判は骨を断つまでに徹底しなければ、新しい地平へと突き抜けてゆくことができない。

子安の「一国民俗学の成立」から、わたしが関心をそそられる論点を抜き出してみる。

① 柳田の方言周圏論は、「遠方の一致」とか「遠方にこそかつての中央文化の残影が見出される」といった、文化認識の方法論と分かちがたく結びついている。

② 柳田の方言への関心は、多様な方言の分布と分類だけにあったのではなく、むしろ多様な方言の成立にあった。方言の「生老病死」という時間的な変移への、その成立への視線こそが、文化の時間的転移と変容をいう文化周圏説と結びついた方言周圏論

を導いた。

③方言貶視の匡正策に反対して柳田が捉えようとするのは、生活言語としての方言の成立の光景であり、その背後にある、活き活きとした群れをなす人々の生活感覚である。

ここでの子安は微妙に的を外している。あきらかに、『蝸牛考』の核心をなすテーマは①の周辺にあるが、わずか数行しか触れられていない。逆に、方言の「生老病死」という時間的な変異、また、生活言語としての方言といったことには、ほとんど力点が置かれていないにもかかわらず、子安はなぜか、そこに奇妙な執着を示す。たしかに、生活言語としての方言という類の物言いに縛られてきた、凡庸な柳田理解の群れがあった。かれらはたいてい、柳田が方言の擁護と保存など一度として説いていないにもかかわらず、そうした線に沿って勝手な誤読を重ねてきた。ここでの子安の読みはむしろ、それらに近接する。いわば、『蝸牛考』が物語りする方言周圏論が俎上に乗せられていない。

④そうした生活言語としての方言の成立と変遷への関心を貫いているのは、「国語の将来」への柳田の慮りである。

⑤「一国言語学」の成功とは、わが国民国家語＝国語の成功であり、そして国語の成長力を汲み尽くすことではかられる、「国民の結合」への明るい希望でもある。

『方言覚書』や『国語の将来』などに触れた一節から抜き出したものである。方言を生活言語として位置付けたとき、それがどのように国民国家語としての国語に連結されるのか、子安は明らかに語っていない。ただ曖昧に、国民国家論の枠組みに回収されてしまった印象が拭えない。おそらく、そこに問題の秘められた核心がある。

柳田の方言への関心は、まっすぐに「国語の将来」に差し向けられている。まさに、「国民の結合」のためにこそ、方言は問われるべき課題となりえた。柳田が『蝸牛考』のなかで、多様な地域的偏差を帯びた方言の分布に関心を示したのは、多様であることそれ自体に意味を見いだしたからではない。多様な方言を保存するために、その組織的な収集に乗り出したわけでもない。その分布を手掛かりとして、表層の多様性の底に横たえられた、中心から周縁へと広がってゆく同心円的な方言地図を浮き彫りにすることができる、という確信を抱いたからである。方言の「生老病死」による時間的な変異といったものではなく、文化伝播の時間的な遅速が産み落とした、方言の周圏論的な分布地図が必要とされた。そこに隠された法則を明らかにすることが、「国語の将来」にとって緊要な、まさに現在的な課題である、と柳田は信じたのである。

これに関しては、やはり『海の精神史』第七章ですでに触れている。たとえば、やや時期は遅れるが、『標準語と方言』の序(一九四九年、定本第十八巻)には、〝今日方言保存の論などを抱く者は一人も無い〟とある。あるいは、〝全日本の大いなる統一に向って、如何に導くのが尤《もつと》も安全なる国語の活き方であるかを学ぶ〟ために、方言の研究は必要である、そう、『伊豫大三島北部方言集』の序（一九四三年、定本第三十巻）には説かれている。ここでは、そのときにも引用した『喜界島方言集』に寄せた序文の一節を、あらためて引いてみる。

島々の人が持つ昔からの感覚と考へ方、智能術芸にはそれ〴〵の言葉があつた。それを顕はす新しい言葉を授けなければ、いくら移りたくも移ることは出来ず、口で使はずとも腹の中では、依然として古い言葉で考へたり感じたりすることを罷《や》めないであらう。古い言葉の有るだけを一応は出させて見て、それに標準語の正しい言ひ改めが可能であるかどうかを、誰かゞ考へて遣《や》ることが、国語統一政策の実は大切な準備作業であつた〔……〕私はこの喜界島方言集が縁となつて、島々の言葉の良い対訳が見つけられ、大きな労苦と圧迫感と無しに、互ひの交通のもつと容易になつて行くことを期待して居る。〔……〕それが残りなく新らしい世代の、全国一致の言葉に引継がれて行くことを、拒み妨げんとする者などは有らう筈《はず》が無い。

（『方言覚書』所収、一九四二年、定本第十八巻、傍点引用者・以下同じ）

柳田は「国民の結合」のために、また「国語の将来」のために精魂傾けて働いたのであり、それを隠蔽する必要など、かけらも認めてはいなかった。方言の調査と研究は、明確に、〝国語統一政策の準備作業〟と位置付けられ、多様な方言を〝全国一致の言葉〟にやわらかく引き継ぐことをめざすものと考えられた。その前提にあったのは、〝国語が永い歳月の隔離によつて、どれだけの独立した変化を受け、又どれだけの固有の発育を続けるかといふ活きた実験も我々ならば出来る〟(同上)という、方法的な確信であった。いわば、方言の地域的な多様性とは、永い歳月の隔離がもたらした固有の変化や発育の所産と見なされたのである。『蝸牛考』がほかならぬ、この国語の変容のプロセスを明らかにするための、〝活きた実験〟のひとつの成果であったことは言うまでもない。

民族の言葉の成長のために

さて、あらためて『蝸牛考』(一九三〇年、定本第十八巻)をテクストとして、わたしの関心に沿った腑分けを試みたいと思う。そこに示された方言周圏論の輪郭を辿りつつ、それがいかに一国民俗学の構図とかかわるのか、埋め込まれた思想の方位とは何か、といった問いへと接近してゆくことにする。一国民俗学とは疑いもなく、昭和期に入ってからの柳田の知のシンボリックな結晶である。じつは、柳田には隠された比較民俗学への志向があった、という類の了解は、ほとんど意味をなさない。柳田の残したテクストそのものが、そうした了解を拒んでいるからだ。たしかに言葉の断片をもって、外なる比較の将来における必要性を説く姿は見られたが、それをひとつの知的実践として示すような論考・著作は、ただのひとつも存在しない。柳田の思想は一国民俗学を抜きにしては、けっして語り尽くしがたいものだ。その限界と可能性こそが問われねばならない。

『蝸牛考』一篇は、まさに〝日本の蝸牛の文化史〟の趣きを呈するが、しかし、それはむろん蝸牛（カタツムリ・デンデンムシ）それ自体への関心から書かれたものではない。〝民族の言葉の成長〟の跡を辿ることへの欲望の促しが、この書を支えている。冒頭の一節に、柳田にしては珍しく、全体をつらぬくモチーフが簡潔に提示されている。柳田はいう、〝国語の成長、即ち古代日本語が現代語にまで改まって来た順序と、方言の変化即ち単語と用法との地方的異同と、この二つのもの、間には元来どういふ関係があるのか〟、それを明らかにしてみたい、と。国語の成長／方言の変化、つまり日本語の古代から現代にいたる変容のプロセス／方言の地方的な異同のあいだには、いかなる関係が隠されているのか、それを問うことが『蝸牛考』のテーマである。それにたいする仮説的な了解もまた、あらかじめ示されている。すなわち、〝方言の地方差は、大体に古語退縮を表示して居る。さうして一篇の蝸牛考は即ち其《その》例証の一つである〟と。

とはいえ、その叙述は例によって蛇行とうねりを織り込んで、たやすく輪郭を浮き彫りにすることはできない。その段階で柳田が確認していた、二百四十あまりの蝸牛の方言を素材としながら、方言分布地図が作成されてはいるが、それも錯綜を極めたものであり、ただちにそこからイメージを結ばせることはむずかしい。したがって、具体的に叙述の跡を辿ることはしない。仮説の概略を示すに留めたい。

柳田は『蝸牛考』のなかで、初めて「方言周圏説」及び「方言周圏論」という言葉を使用している。一九二七（昭和二）年、『人類学雑誌』に連載した初稿の段階には見られず、単行本化の際に案出されたものである。それぞれ二度ずつ使われている。現在における方言の地域分布を手掛かりとして、それを空間軸から時間軸に置き換えながら、方言の生成変化の歴史を再構成してゆくところに、方言周圏論の方法的な個性が見いだされる。

たとえば、カタツムリが久しいあいだ、京都では蝸牛を指すただひとつの言葉であったことは、記録や擬古文にわずかな痕跡を留めることによって知られる。それが今日では、まったく辺隅に押しやられて、のちに出現した二通りの新語（デンデンムシ・マイマイ）の外側に散在して残るにすぎない。この事実などは、〝頗《すこぶ》る自分などの主張せんとする方言周圏説を、裏書するに足ると思ふ〟と、柳田はいう。あるいは、蝸牛を東北ではタマグラ、九州ではツグラメと同系の言葉が使われ、〝国の南北の両方〟にひとつの語が見られた。それはあたかも、マイマイが東海道と中国に、カサとカタカタが伊予・土佐・熊野・伊豆から、飛んで北国出羽の端々にあると同じく、また、蛞蝓《なめくじ》と蝸牛とをひとつの語で呼ぶ風が津軽・秋田と島原半島にあるように、〝頗る自分などの仮定する方言周圏説を、有力に裏書することになる〟という。

『蝸牛考』の最後の一節は、そのままに「方言周圏論」と題されるとともに、〝日本の蝸牛の文化史〟の素描に当てられている。

柳田によれば、蝸牛はこの日本の島々に、おそらく日本人が渡ってくる以前から生息していた。今日知られている蝸牛の呼称のなかでは、ミナという語が一番古いらしいが、それは渡来以前からの慣習であったと想像される。ほかの呼称はみな、この国に上陸して以降の発生である。ナメクジをもって、蝸牛／蛞蝓をあわせ呼ぶ風なども古いかもしれない。その次に起こったツブラは、ひとたび全土を席巻したようだが、それはツブリやカタツブリ、カタツムリへと変化を遂げていった。続いてマイマイが現われるが、それは〝京都を中に置いて東西に分布し、しかもツブラに接し又カサよりは内側の層であるが故に、其支配の此等《これら》より次であったこと〟が推定される、という。デエデエやデンデンムシは、そのさらに後になって起こった。

こうした仮説的な了解は、むろん蝸牛の方言分布地図から導かれたものである。マイマイの出現時期についての推定に明らかなごとく、空間軸上の分布を時間軸上の先後関係に置き換える操作をくりかえすことで、ミナ系→ナメクジ系→ツブリ系→カタツムリ系→マイマイ系→デデムシ系と連なる、蝸牛方言の生成変化のプロセスが辿られたのである。初版に附された「蝸牛異称分布図」によって、簡単に地域分布を確認しておく。

ミナ系を除いた五つの呼称が二百四十あまり、北は津軽・下北から南は薩南諸島までの範囲に、記号をもって表示されている。まず、ナメクジ系は東北北部の青森・岩手、中部の岐阜・愛知、九州の熊本・佐賀・長崎などに見られる。ツブリ系は東北の岩手・宮城、北陸の富山、九州一円、周辺の島々にまで分布している。カタツムリ系は東北の秋田・山形、伊豆半島を中心とする静岡、熊野近辺の和歌山、四国の高知・愛媛の海岸寄りなどに、いくつかの集中する地域が見られる。マイマイ系は関東一円から、静岡・愛知・三重にかけての太平洋沿い、能登半島を中心とする石川、中国の岡山・島根などに、集中的な分布地域があるが、それらの多くはデデムシ系地域の外縁部に位置している。最後に、そのデデムシ系であるが、これは近畿を中心にして、北は福島・新潟から南は九州一円にまで、広範な分布地域を持っている。

そこに大きな網をかぶせてやれば、京都を中心として、デデムシ系→マイマイ系→カタツムリ系→ツブリ系→ナメクジ系と同心円状に広がってゆく、蝸牛方言の分布地図が浮かび上がってくる。それを時間軸に沿って並べ替えたとき、中心から遠いほど古く、中心に近いほど新しい呼称である、という方言周圏論が像を結ぶことになる。『蝸牛考』の柳田ははっきりと、京都が日本の文化中心地であることを認めていた。たとえば、〝中世以後の新しい単語なども、其入口は何れの港であらうとも、一応は先づ京都人の選択を経て居る〟といい、〝カタツブリの如く、曾《かつ》て京都を占領して今は辺隅に余喘を保つ例があつた〟

という。あるいは、〝九州奥羽は乃ち稍《やや》々《や》その中心から遠かった〟とも、〝中央からの距離と比例して、外へ行くほどづゝ、単語の寿命が長かつた〟ともいう。柳田のなかに、京都を中心とする同心円的な文化地図がくっきりと描かれていたことは、とうてい否定しがたい。『蝸牛考』の柳田が提示してみせた方言周圏論とは、京都を中心として、そこから遠ざかるにつれて周縁から辺境へと広がってゆく、同心円的な文化認識の方言版であったことが、こうして明らかとなる。むろん、文化の価値的な高／低にかかわる判断は、周到に避けられてはいるが、都／鄙の構図とまったく無縁ではありえない。新しい先進文化はみな、中心である京都を源流として、そこから同心円状に伝播してゆくのである。それゆえ、辺土の地には古い文化が保存され、長い寿命をもって受け継がれることになる。『蝸牛考』において、方法的な手探りのなかに、ついに方言周圏論の輪郭を浮き彫りにすることに成功したとき、一国民俗学への道行きははっきりと見定められた、といっていい。それはいわば、「ひとつの日本」を中心／周縁の構図によって切り取るための方法であり、そのためにこそ、全国的な規模での方言や民俗の組織的な採集が必要とされた。そのあとに続く比較と綜合が、柳田その人のみに許された、また可能な仕事であったことは、あらためて指摘するまでもあるまい。

方言区画論という敵

『蝸牛考』は一九四三（昭和十八）年に改訂版が出されたが、柳田はその序のなかで、この著書の執筆モチーフを以下のように語っている。すなわち、児童と民間文芸にたいする概念が、わが国では少しばかり間違っていた、それを考え直してもらいたいという気持ちもあって、ちょうど頃合いの話題が見つかったのを幸いに、力を入れて蝸牛の方言について説いてみた、と。それに続く一節を引用してみる。

①　いはゆる方言周圏説の為に此書を出したもの丶如く謂《い》つた人の有ることは聴いてゐるが、それは身を入れて蝸牛考を読んでくれなかつた連中の早合点である。成るほど本文の中には周圏説といふものを引合ひに出しては居るが、今頃あの様な有りふれた法則を、わざ〳〵証明しなければならぬ必要などがどこに有らうか。

②　それよりも更に心得難いことは、この周圏説と対立して、別に一つの方言区域説なるものが有るかの如き想像の、いつまでも続いて居ることである。（……）

③　今からざつと四十年前、まだ方言の実査の進んで居なかつた時代に、中部日本の或川筋を堺にして、東と西とでは概括的な方言のちがひが有ると、言ひ出した人たちが大分有つた。是《これ》がもし其《その》通りなら大きなことで、或《あるい》は方言以上、もとは相似たる二つの言語といふ様な結論にもなり兼ねぬのであつたが、其推定を支持するやうな資料は、今になつても格別増加して居らぬのみか、寧《むし》ろ反対の証拠ばかり現はれて居る。

（……）

④どうしてこの様な想像説が、いつ迄も消えずに有るのかすらも我々には不審なのである。是と方言周圏論とを相対立するものと見るといふやうな、大雑把な考へ方が行はれて居る限りは、方言の知識は「学」になる見込は無い。（定本第十八巻）

いくら身を入れて読んでみても、『蝸牛考』を児童と民間文芸について再考を促した書と見なすことはできない。柳田が方言周圏論を説くために、あるいは、方言周圏論をもって象徴的に同心円状の「ひとつの日本」を浮き彫りにするために、『蝸牛考』一篇を執筆したことを、否定するわけにはいかない。この改訂版の序では、「方言区画論」に厳しい批判が差し向けられているが、それはこのとき唐突に現われたものではなく、『蝸牛考』の初版のなかに、すでに通奏低音のように反復されていたものである。いくらかでも身を入れて読んでみれば、ただちに明らかになることにすぎない。柳田はなぜか、それを邪推であるかのように斥ける。

ここに見える方言区画論とは、現代の方言学の創始者・東条操の唱えた仮説である。金田章宏は『柳田国男事典』の「方言周圏説」の項のなかで、柳田の批判に触れて、それは柳田の側の誤解や言いがかりでしかない、という。周圏説は方言の伝播の原則を説明するものであり、区画論はある基準に基づいて、また総合的に方言を区画に分けることであって、次元の異なる問題であるからだ。しかし、柳田が敵愾心を燃やしたのは、おそらく東条の方言区画論という学説そのものについてではない。金田によれば、東条はのちに反論を書いて、周圏論の適用できる範囲は限定的で、周圏的に見える場合でさえも適用には慎重であるべきだとして、東西区画の優位を説いた、という。まさに、柳田が過剰なまでに反応したのは、この東西区画の問題であったことを見逃すわけにはいかない。たんなる誤解や言いがかりではありえない。柳田は方言区画論が、なにより柳田自身にとって、どれほど危険な学説であるかを十分すぎるほどに見抜いていたのである。

③にあるように、柳田がこだわったのは、中部日本のある川筋を境にして、東と西では概括的な方言の差異がある、という方言区画論の示す了解である。仮りにそれを認めれば、そこからは〝方言以上、もとは相似たる二つの言語といふ様な結論〟が、やがて避けがたく登場してくる。方言における東／西の区画が、列島の民族史それ自体に穿たれた裂け目と化してゆく。柳田はまさに、それを危惧し、怖れ、忌避せんとしたのである。たとえば、大野晋の『日本語の起源』や網野善彦の『東と西の語る日本の歴史』を思い浮かべただけでも、柳田の危惧がいつしか現実のものになったことは、あまりに明らかである。柳田はここでも、みずからの敵を知り尽くした人であった。

さて、『蝸牛考』初版から、方言区画論に触れた箇所を抜き出してみる。

ⓐ 近年唱導せられた「方言区域」の説、即ち東国方言とか上方言葉とかの名目は、訛り即ち音韻の変化以外には、まだ中々安心して之を採用し得ないのである。

（「四つの事実」）

ⓑ 若《も》しさうだとすると是は交通の問題であつて、方言区域の説を為す人の心中の前提、即ち九州人だから九州方言を、保留して居たと見る理由としては、頗《すこぶ》る困難なものになつて来るわけである。

（同上）

ⓒ この東西二つの方言領域は、たとへば羅馬《ローマ》が二つの帝国となり、又は足利氏が京鎌倉に立ち分れたやうに、其全体の外に立つものから見れば、依然として合同の一新勢力であつた。

（「デンデンムシの領域」）

ⓓ 従来の方言区域の論に於ては、単に日本の中央部に近く、稍《やや》著しい一つの堺線のあることばかり注意せられて、それが他の一方の側ではどういふ結末を示して居るかといふことまで、考へて見ないのが普通であつたやうだが、言語の地方的異同が曙染などの如く、漸次に国の片端から浸潤して来たであらうといふ想像には、実は是認し難い幾つかの論理の跳躍があつた。第一にはこの二千年に余る国内移動の趨向は、いつでも中央部の人多き地域から、四方の辺土へ出て行かうとして居たことを忘れて居る。九州現在の大姓の過半が、何れも或時代の京人東人の末であつたことを無視して居る。第二には東北方面の言語の特質を、何によつて解説すべきかの用意が無く、時として、

は未だ確かめられざる異分子の作用を仮りて、この変化の原因を究め得るかの如き、国語の統一と相容れざる予想をさへ抱かしめて居る。

（「東北と西南と」）

柳田はこうして、方言区画論に向けての批判をくりかえし行なった。明らかに二つの焦点が看て取れる。ひとつは、東／西の方言領域の区別にかかわる。柳田はそれを、訛り＝音韻の変化のレヴェルの問題と見なしつつ（↓ⓐ）、あくまで足利氏が京都／鎌倉に分かれたように、根を等しくするひとつの言葉の分化にすぎない、と考える（↓ⓒ）。いまひとつの焦点は九州方言である。柳田によれば、九州人だから九州方言を残存させてきたわけではない（↓ⓑ）、九州人の過半は、いずれも〝或時代の京人東人の末〟であったからだ（↓ⓓ）。

むろん、第一の焦点である東／西の方言区画こそが、柳田にとっては見過ごしがたいものであった。そうした〝言語の地方的異同が曙染などの如く、漸次に国の片端から浸潤して来たであらうといふ想像〟には、是認しがたい飛躍がある、という。第一に、この列島の二千年を越える国内移動の趨向は、つねに中央部の人の多い地域から、四方の辺土へ出て行こうとしていたことが、視野に繰り込まれていない。言語を含めた文化の大きな流れを、中心から周縁へ、辺境へと広がってゆくヴェクトルで把握する周圏論的な傾向が、ここにも顕著に見いだされることに注意したい。

第二には、東北方言の特質について、時には〝未だ確かめられざる異分子の作用〟を借りて、変化の原因を究明できるかのような、〝国語の統一〟と相容れることのない予想をさえ抱かせる、という。ここに唐突に顔を覗かせた〝未だ確かめられざる異分子の作用〟とは、むろん北方のアイヌ語との交渉関係を指しているはずだ。それでは、柳田自身はこの問題をどのように読みほどいていたのか。別の箇所には、〝東北地方今日の言語現象が、殊に自分たちの解説し難いものを以て充ちて居るのは、恐らくは今尚些《すこ》しも研究せられて居らぬ此方面の中古土着の歴史と、隠れたる関係を有するものであらう〟とある。東北のいまを生きる人々を、稲作を携えて北へ、北へと移住をくりかえした〝北日本の兄弟たち〟と捉えながら、〝中世のなつかしい移民史〟を物語りしてみせた『雪国の春』（一九二八年、定本第二巻）が浮かぶ。柳田にとって、東北方言は自明に、国語＝日本語の地域的なヴァリエーションでなければならなかった。

いずれであれ、〝国語の統一〟のために働いていた柳田の前に、方言区画論はまさに、存在を容認しがたい敵対者として現われたのである。アイヌ語という異分子の影にいたっては、この昭和初年の柳田がもっとも強く忌避せんとしていたものであったことを、想起しておく必要がある。国語＝日本語とアイヌ語とのあいだに、決定的な裂け目を穿つことは、あの東／西の方言領域の境界を突出させることなく、ひとつの国語の内なる地域偏差として押さえ込むために不可欠な、前提作業の一環をなすものでもあった。あらためて、柳田の方言区画論にたいする執拗な批判が、たんなる誤解や言いがかりの類ではなかったことを確認しておきたい。

東西の裂け目／南北の一致

『蝸牛考』の柳田は、蝸牛の方言異称の比較・検証を通して、〝北と南との遥かなる一致〟をくりかえし説いた。東／西の方言領域の裂け目を浮き彫りにする方言区画論にたいして、はるかな南／北の一致をもって応答を試みたのである。的は外していない。両者の対峙の構図はたいへん鮮やかなものだ。そして、『蝸牛考』はある驚きとともに、日本文化の周圏論的なイメージを読み手に受容させるだけの説得力を、たしかに帯びた著作であった。

蝸牛方言のほかにも、そうした南北の一致を示す言葉が数多くあることを例証した一章は、「東北と西南と」と題されている。東北日本／西南日本の両端において、アケヅ（蜻蛉）・ウロコ（頭のふけ）・クラ（雀）・ミザ（地面）・ムゾイ（可愛い）・タンペ（唾）・アクト（踵）・サスガラ（虎杖）など、遠隔の一致を示す事例はたしかに多い。たとえば、サスガラについては九州と奥羽の類似が見られるが、柳田はいう、〝両端に於て特に顕著に、この類似が見られるといふのは、少なくとも南北の言語関係が、曾ては今のやうに隔絶したものでなかつたことを、立証するに足ると思ふ〟と。

こうした柳田の提示する事例に関して、方言区画論がただちに反批判をもって応じることは、おそらく容易ではない。方言を扱うための手法も目的も異なっており、むしろ、同じ土俵の上での論争ですらないからだ。可能であるとすれば、それはただ、周圏論的な分布を持った方言はたしかにあるが、それとは異質な分布を示す方言もある、という相対化の手続きだけであろうか。そして、逆に明らかなのは、『蝸牛考』がいくら南／北の一致を例証豊かに説いたところで、あの方言領域における東／西の裂け目を消去することはできない、ということだ。

さて、あらためて最後に、「改訂版の序」の一節に眼を凝らすことにしたい。

① 国語の改良は古今ともに、先《ま》づ文化の中心に於て起るのが普通である。故にそこでは既に変化し、又は次に生れて居る単語なり物の言ひ方なりが、遠い村里にはまだ波及せず、久しく元のまゝで居る場合は幾らでも有り得る。その同じ過程が何回と無く繰返されて行くうちには、自然に其《その》周辺には距離に応じて、段々の輪のやうなものが出来るだらうといふことは、至つて尋常の推理であり、又眼の前の現実にも合して居て、発見などゝいふ程の物々しい法則でも何んでも無い。私は単に方言といふ顕著なる文化現象が、大体に是《これ》で説明し得られるといふことを、注意して見たに過ぎぬのである。

② この国語変化の傾向は、我邦に於ては最も単純で、之を攪き乱すやうな力は昔から

少なかつたやうに思ふ。たとへば異民族の影響が特に一隅に強く働くとか、又は居住民の系統が別であつた為に、同化を拒んだり妥協を要求したりするといふ、仏蘭西《フランス》方言図巻の上で説かれて居るやうな原因といふものは、探し出さうとして見ても、さう多くは見つからないのである。

①には、方言周圏論が平易に説かれている。中心／周縁・辺境の二元図式が鮮やかである。わたしが関心を惹かれるのは、②に見える、そうした周圏論的な方言の変化を〝攪き乱すやうな力〟にかかわって示された、柳田の了解である。それは異民族の影響や、居住民の系統を異にするがゆえの軋轢といったものを意味している。むろん柳田は、探し出そうとしても、そう多くは見つからない、と曖昧な物言いではあれ、この異民族や異なる系統がもたらす攪乱要因を視野の外に排斥する。柳田にとって、列島に稲作を携えて渡来した人々＝日本人と、その語る言葉＝日本語＝国語が、起源《はじまり》の時からつねに・すでに「ひとつ」であることは、疑いなき自明の前提であった。異なる民族や文化系統が影響を及ぼした可能性は、周到に斥けられる。少なくとも、大正末年に山人論への訣れを果たし、昭和三、四年頃に日本文化／アイヌ文化の切断を行なって以降は、それが柳田の一貫した方法的な態度であった。一国民俗学の誕生が、山人論やアイヌ源流説との訣れと表裏なすものであったことは、そこにも明らかに看て取れるはずだ。

『蝸牛考』は「ひとつの日本」に向けての欲望の所産である。だからこそ、「ひとつの国語」は問われることなき前提であり、自明にすぎる帰結でもあった。列島に渡来して以来の二千年の時間のなかで、地域的に多様な変化を遂げてきた国語を、いま新たに統一すべき時代が訪れた、という認識に支えられながら、柳田は『蝸牛考』一篇の執筆に取り組んだのである。柳田はいう、〝方言即ち一つの国語の地方差が、どうして発生したかを知つた上で無いと、国語の統一は企て難いものであるのみならず、仮に一度は無理に統一して見ても、やがて又再び区々になることを、防止する望みも持つことが出来ない〟と。方言とはまさに、「ひとつの国語」の地域偏差であり、このとき必要とされていたのは、その方言を〝国語の統一〟に向けて軟着陸させてゆくことであった。柳田の立場はあまりに明瞭であり、誤読の余地はない。

それにしても、『蝸牛考』が一九三〇（昭和五）年という、まさに一国民俗学の誕生前夜の著作であったことは、幾重にも暗示的である。そこに提示された方言周圏論は、いわば一国民俗学の内なる風景を先取りするように、みごとに隅々まで照らし出している。蝸牛方言の分布地図とともに、読み手の脳裡に深く刻み付けられるのは、京都という中心から周縁へ、さらに辺境へと伸び広がってゆく同心円状の「ひとつの日本」の姿である。そのかたわらには、東／西の方言領域の裂け目が、打ち棄てられた異相の光景として転がっている。一国民俗学の後継者たちが、その裂け目に眼を凝らすことは、けっしてない。それは民俗の地域偏差のひと齣でしかないからだ。
とはいえ、いくらかの例外はやはりあった。そのひとつが、宮本常一の「民俗から見た日本の東と西」（『宮本常一著作集3』）に見いだされる。『蝸牛考』に触れた一節を引いてみる。

柳田国男先生は昭和五年『蝸牛考』を公にして、カタツムリの方言をとりあげ、その古い言葉が国の端々にのこり、中央に新しいもののある事実を示して方言周圏論をとなえ、それ以来日本の文化もまた周圏をなしているとの考え方をもち、またこれを実証しようとするものが多くなった。事実方言や生活文化には周圏をなすものが少なくないが、それらはやはり大和朝廷ができて、日本が漸次国家として統一せられて来て以来の現象と見るべきであろう。

この論考の宮本は、日本民族は共通した文化を持ち、〝東西の文化がその本質において差があるという意味ではない〟とする前提を示したうえで、列島の民俗の東／西比較へと赴いている。それにもかかわらず、ここでは、柳田とそれを受け継いだ周圏論的な文化の認識にたいして、大和朝廷が成立し、日本が国家として統一されて以来の後次的な現象と見なすべきだ、という批判がなされている。宮本の批判はたいへん的確なものだ。思えば、京都が列島の文化の中心になってから、わずか千数百年にすぎない。稲作が渡来した弥生のはじまりから数えたとしても、それ以前に千年を越える空白がある。文化周圏論が及ぶ時間的な射程は、それゆえ千数百年間に留まる。議論の余地はないだろう。文化周圏論はいわば、その千数百年間に限って成り立つ、列島の文化地図でしかない。

たとえば柳田が、民俗学的な知によって遡行できる時間の上限を応仁の乱あたりに見定めつつ、中世以前にたいして留保の態度を表明していたことを想起するのもいい。一国民俗学という知の構えにとって、いかにも周到な選択ではあった。中世以前への遡行を留保し、問われざる空白のままに残すことによって、文化周圏論的な、中心／周縁・辺境の構図のもとに描かれる同心円状の「ひとつの日本」は、やわらかな繭に包まれ、巧みに批判をかわすことができるからだ。文化周圏論のアキレス腱が、その中世以前に、あるいはより深く稲作以前にあることは、あまりに自明な事柄に属する。あの方言領域における東／西の裂け目などは、いわば文化周圏論が届かぬ中世以前、おそらくは縄文／弥生のはざまの時代に淵源を求められるはずだ。

「ひとつの日本」から「いくつもの日本」へ

一国民俗学の限界もまた、こうして見えやすいものになった。その時間的な射程は、たかだか千数百年、稲作の渡来まで伸ばしても、二千数百年を越えることはできない。国家としての「日本」が「天皇」と対になって登場したのは、古代七世紀の末である。そこに成立したヤマト王権が、みずからの国家的アイデンティティを賭けて、北の蝦夷と南の琉球にたいする征服支配の欲望を抱え込んでいたことを、見逃すわけにはいかない。眼前にあったのは、明らかに「いくつもの日本」であり、南／北のはるかな彼方には、マツロワヌ異族の土地＝異域が茫漠と広がっていた。ヤマト王権の誕生以来の千数百年の歴史は、それら異族と異域を征討し、「ひとつの日本」の版図の内に収めるために費やされた時間でもあった。むろん、この「ひとつの日本」への欲望が成就されるのは、明治以降の近代、国民国家としての日本が生成を遂げてゆくプロセスにおいてである。

柳田の一国民俗学もまた、こうした「ひとつの日本」への欲望を共有する。それゆえ、東／西の方言領域の裂け目から噴出するかもしれぬ、「いくつもの日本」を認めることはできない。異なる民族や系統の文化を許容するわけにはいかない。柳田民俗学の領土は、弧状なす列島の、北は津軽・下北から南は奄美・沖縄までに限られる。アイヌという異族の土地・北海道を捨象することなしには、稲作・常民・祖先崇拝などを支えとして、「ひとつの日本」を結像させることができなかったからである。

ヤマト王権の成立以前、いや稲作の渡来以前に、あらためて眼を凝らす必要がある。アイヌの人々が「しょっぱい河」と呼ぶ津軽海峡が、東北／北海道を分かつ境界となったのは、弥生以降であり、稲作前線の北上がもたらした結果にすぎない。縄文の東北／北海道はむしろ、ひとつの文化圏に属していたと想像される。北海道の縄文文化は、その伝統を絶やすことなく、続縄文文化、擦文文化、そしてアイヌ文化へと大きな切れ目もなく連なっている。柳田がアイヌ文化を視野の外に祀り棄てた背景には、金田一京助のアイヌ論が見え隠れしている。また、柳田の時代には、きわめて限定された考古学的な知見しか得られなかったことも否定しがたい。その限りにおいて、豊かで多様な考古学の発掘成果に触れることが可能な現代を起点として、柳田を批判することはたやすい。

最晩年の、一九五九（昭和三十四）年、柳田は「島の話」と題された座談会のなかで、以下のような興味深い発言を行なっている。

> われわれにいちばん大きな問題になりますのは、つまり縄文土器あたりの早期の時代の日本の住民が、われわれの先祖とどういう関係にあるのかということですね。ことに北のほうにまいりますと、東北には確かに蝦夷の痕跡がある。それで日本人が米を作りながらずっと北に進んで行ったが、向うからはとうとう津軽海峡を渡ってこっちに入ってきた。ですから山が一つあれば、山にアイヌが跳梁しようと、海岸には日本民族がおるといったような時代がかなりあったのではないかと思いますが、そんなようなことをいうと、とかく概括的にどうこうと言われるものですから、まだはっきり結論は出しません。
>
> （『民俗学について　第二柳田国男対談集』）

残念ながら、ついに結論が出されることはなかった。それにしても、みずからが思い描いてきた列島の民族史的景観にたいして、たとえば再考の必要が迫られる時代の訪れを、このとき柳田が予感していなかったとは思えない。明治・大正期の柳田が、山人の消息を求めての思索の旅のなかで、実証的であるよりは文学的な想像力に支えられつつ、直観的に摑み出していた稲作以前の縄文的世界が、にわかに浮上してくる。その探求はしかし、柳田以後に属する人々に課せられた仕事である。

柳田が一国民俗学の牙城に立て籠もったのが、日本という国家がアジアに向けて植民地侵略の戦争を仕掛けていった、まさに「満州事変」から「太平洋戦争」へと連なる戦争の時代であったことは、偶然ではない。ある意味では、一国民俗学は戦時下の所産であった。わたしはそこに、たとえ消極的なものではあれ、時代を覆い尽くしてゆく植民地主義に向けての抵抗の意志を認める。とはいえ、ほとんど実効性を持たない、ただ関与を拒むという受け身の水準に留まるものであったことは、否定すべくもない。そして、敗戦を迎えてからは、柳田の一国民俗学はその忌み籠もりにも似た身振りによって、広く受容されることになる。柳田が物語りしてきた、島国のなかで、侵略とも戦争とも無縁に、稲を作り祖先崇拝に生きる常民たちの牧歌的な風景は、おそらく日本人の多くが蒙った戦争の傷を癒してくれるものであったはずだ。

「ひとつの日本」が慰藉の力を持ちえた時代は、半世紀にわたって続いた。いま、時代は、避けがたく、「ひとつの日本」の終焉を予感しながら、「いくつもの日本」への転換を切実に求めはじめている。「日本」や「日本人」をめぐる自画像が描き直しを要請されている、と言い換えてもいい。ひどく時代錯誤な、柳田とは異なる「ひとつの日本」に向けての欲望に支えられた、歴史の「修正」への動きとは一線を劃しつつ、「いくつもの日本」を孕んだ自画像を描いてゆく必要がある。

柳田国男という思想は、二〇世紀の日本を過剰なほどに背負い込んで、いま、そこに静かに身を横たえている。柳田は柳田の時代を生きた。わたしたちもまた、同様に、わたしたちの時代を生きている。批判は実にたやすいが、批判のための批判には知的な頽廃しか感じられない。そんなことに大切な時間を費やしている暇はない。わたしはこの十数年のあいだ、柳田の残してくれた膨大なテクストを読み抜くことを、仕事の要のひとつとしてきた。いまはもはや、それを豊かな糧として抱きながらも、柳田の立ち会うことのなかった時代の深みへと、もうひとつの民俗学の産みの現場へと、足を踏み出さねばならぬ段階に到り着いたのかもしれない、と思う。だから、ここでひとまず、柳田の思想の跡を辿る旅は終わる。わたしはたしかに、柳田に導かれて民俗学者となった。それを隠す必要は、むろんない。やがて、もうひとつの民俗学が姿を現わす。そのために働きたい、とひそかに願う。

（一九九九年）

『会津物語』は可能か

会津の沼沢湖

明治の『老媼茶話』として

わたしたちにとって、『遠野物語』はほとんど宿命にも似て、はじまりの記念碑ともいうべき意味合いを帯びている。どこか拭いがたく孤立を強いられた書物として眺めることに慣れている、といってもいい。『遠野物語』の孤立はたぶん、その作者である柳田国男の孤立とも響き合っているにちがいない。このはじまりの民俗学者のなかには、百科全書のようにすべての民俗文化への問いが萌芽として抱え込まれている。『遠野物語』がそうであったように、柳田もまた、まさしく一個の小宇宙であり、すべてがそこに胚胎されているのである。素材としての柳田国男の価値は、この期にいたっても減ずる気配がない。ともあれ、その誕生以来、百年を越える歳月が経過したが、たしかに『遠野物語』と並び立つような作品が生まれることはなかった。それはきっと、文学作品としてあまりに傑出しているがゆえに、いつだって孤高を感じさせてしまうのではなかったか。柳田以後、『遠野物語』を意識して／意識することなく模倣して、数も知れぬ昔話や民話や伝説を収めた本が編まれてきたが、資料としての価値はいざ知らず、すくなくとも文学作品として読むに堪えるものは、ほとんど皆無といっていい。あくまで凡庸なのである。常民の語りが凡庸であるのは、思えば当たり前にすぎることではあった。『遠野物語』こそが常民の枠を逸脱しているのである。

この『遠野物語』の秘密をだれよりも早く気づいていたのが、柳田その人が敬愛していた作家・泉鏡花であったのは、むろん偶然ではない。鏡花は「遠野の奇聞」と題されたエッセイのなかに、こんなふうに書いていた。すなわち、近頃、『遠野物語』という面白い書を読んだが、「此の書は、陸中国上閉伊郡《かみへい》に遠野郷とて、山深き幽僻地の、伝説異聞怪談を、土地の人の談話したるを、氏が筆にて活かし描けるなり。敢《あえ》て活かし描けるものと言ふ。然らざれば、妖怪変化豈《あに》得て斯《かく》の如く活躍せんや」(「遠野の奇聞」)と。いわば、伝説・異聞・怪談を「土地の人の談話したる」ままに採録したものと、すぐれた作家としての才能にも恵まれていた柳田が、その「筆にて活かし描ける」ものとのあいだには、眼には見えぬ断絶が横たわっている。鏡花はそれを、作家の直感で射抜いていたのである。そこに見える「土地の人」が、やがてたんに語り部であることを越えて、「日本のグリム」などと呼ばれる存在へと育っていった佐々木喜善であることは、いまは措く。

わたしたちは百年の隔たりのなかで、『遠野物語』の前史を見通すことができなくなった。とりわけ、『遠野物語』を産み落とした文化的、また精神的な背景について、多くを知らずに来たのではないか。同時代人には見えなかったものが、百年後のわたしたちには見えやすくなったことがあると同時に、逆に、同時代人には当然のように見えていたものが、百年の歳月が見えにくくさせたこともあるようだ。同時代の『遠野物語』にたいする批評に、さらに眼を凝らしてみるのもいい。
たとえば、田山花袋《かたい》の「インキ壺」などは、幾度読んでも、そこに埋め込まれた、なんとも形容しがたい屈折ぶりに興味が尽きない。

柳田君の『遠野物語』これにもさうした一種の印象的の匂ひがする。柳田君曰く『君には僕の心持は解るまい。』又曰く『君には批評する資格がない。』

粗野を気取つた贅沢、さう言つた風が到る処にある。私は其《そ》の物語に就いては、更に心を動かさないが、其物語の背景を塗るのに、飽《あ》くまで実際の観察を以てした処を面白いとも意味深いとも思つた。読んで印象的、芸術的のにほひのするのは、其内容よりも寧《むし》ろ其材料の取扱方にある。

明治時代の『老媼茶話《ろうおうさわ》』と云つたやうな処をねらつて書いたところが面白くもあり可《お》笑《か》しくもある。道楽に過ぎたやうにも思はれる。

鏡花のような真っすぐな受け止め方ではないが、こうした花袋の批評もまた、けっして的を外しているわけではない。「ヂレツタンチシズムの上に積み上げられたやうな一種の印象」と、この前段には別の著者の本について指摘されていた。それが『遠野物語』にも感じられる、という。「粗野を気取つた贅沢」といった言葉には、疑いもなくトゲがあるが、それでもそんな評価をまったく退けるのもむずかしい。『遠野物語』が芸術的な匂いを感じさせるのは、「其内容よりも寧ろ其材料の取扱方にある」というが、これとて「筆にて活かし描ける」という鏡花の言葉と重なり合うはずだ。それよりも、ここで関心をそそられるのは、『老媼茶話』の名前が唐突に登場するところである。花袋はある確信をもって、『遠野物語』は「明治時代の『老媼茶話』」といったあたりを狙って書かれている、と推測していたのである。そこが面白くもあり、おかしくもあるが、「道楽に過ぎた」ようにも思われると、花袋はあくまでクセ玉を投げ込んで、さっさと退場する。

その同じ『老媼茶話』の名前が、じつは泉鏡花の「遠野の奇聞」のなかに、もっと鮮やかなかたちで言及されている。鏡花はそこで、古来より有名な「岩代国会津の朱の盤」という怪異譚の一節を、『老媼茶話』から引いたあとで、「知己を当代に得たりと言ふべし」と述べている。つまり、『遠野物語』のなかに『老媼茶話』の「知己」が見いだされる、というのである。

鏡花が『老媼茶話』について、いかなるテクストを参照していたかは確認できない。そのままに引用してみる。

奥州会津諏訪の宮に朱といふ恐ろしき化物ありける。或《ある》暮年の頃廿五六なる若侍一人、諏訪の前を通りけるに常々化物あるよし聞及び、心すごく思ひけるをり、又廿五六なる若侍来る、好《よ》き連《つれ》と思ひ伴ひて道すがら語りけるは、此処《ここ》には朱の盤とて隠れなき化物あるよし、其方《そのほう》も聞及び給ふかと尋ぬれば、後より来る若侍、其の化物は斯様《かよう》の者かと、俄《にわか》に面替り眼は皿の如くにて角つき、顔は朱の如く、頭の髪は針の如く、口、耳の脇まで切れ歯たゝきしける……

その「知己」として示されたのが、『遠野物語』第九話である。

菊地弥之助と云ふ老人は若き頃駄賃を業とせり。笛の名人にて、夜通しに馬を追ひて行く時などは、よく笛を吹きながら行きたり。ある薄月夜にあまたの仲間の者と共に浜へ越ゆる境木峠を行くとて、又笛を取出して吹きすさみつゝ、大谷地(ヤチはアイヌ語にて湿地の義なり内地に多くある地名なり又ヤツともヤトともヤとも云ふと註あり)と云ふ所の上を過ぎたり。大谷地は深き谷にて白樺の林しげく、其下は葦など生じ湿りたる沢なり。此時《このとき》谷の底より何者か高き声にて面白いぞーと呼はる者あり。一同悉《ことごと》く色を失ひ遁《に》げ走りたりと云へり。

こうして並べて引用したうえで、鏡花はあらためて、「此の声のみの変化は、大入道より尚凄く、即ち形なくして却《かえ》つて形あるが如き心地せらる。文章も三誦すべく、高き声にて、面白いぞーは、遠野の声を東都に聞いて、転寝《うたたね》の夢を驚かさる」と述べたのである。はたして、この『遠野物語』第九話と『老媼茶話』の「朱の盤」が、比較の対象として適切であったか否かについては、留保が求められるかもしれない。おそらく、両者が「知己」であったのは、怪異なるものとの遭遇がもたらす驚きの質感ゆえであって、物語としてのパターンの共通性といったものによるわけではない。

ちなみに、鏡花の『天守物語』（大正六年）については、『老媼茶話』に収められた「播州姫路城」などのいくつかの話を核として創られていることが指摘されている。たとえば、「岩代国会津郡十文字ヶ原青五輪のあたりに罷在《まかりあ》る、奥州変化の先達、允殿館のあるじ朱の盤坊」と名乗る妖怪が登場するが、それは『老媼茶話』のなかの「飯寺村の青五輪」と「会津諏訪の朱の盤」とをない交ぜにした妖怪である、という。鏡花が利用したのは、続帝国文庫本『老媼茶話』であることも確認されている（『近世奇談集成〔一〕』の高橋明彦の解題「『老媼茶話』の作者および現存諸本」による）。ここではただ、鏡花が『遠野物語』を読んで、慣れ親しんでいた『老媼茶話』へと真っすぐに連想を跳ばしたことを記憶に留めておけばいい。

二つの序文から

『遠野物語』初版は明治四十三（一九一〇）年、いまから百二年前に刊行になった。それにたいして、『老媼茶話』は寛保二（一七四二）年に執筆・編纂され、写本で伝わってきた奇談集である。『遠野物語』と『老媼茶話』のあいだには、百七十年足らずの歳月の隔たりがはさまっている。二つの物語集はいかに繋がれたのか。

明治三十六（一九〇三）年に、旧版「続帝国文庫」の『近世奇談全集』が刊行された。そこに収録されたのは四編、『近世新著聞集《しんちよもんじゆう》』『想山著聞奇集』『三州奇談』『老媼茶話』であった。その校訂者となったのが柳田国男と田山花袋である。『近世奇談集成〔一〕』の「解説」のなかで、高田衛はこう述べている。すなわち、「この選択をとおして、見えるのは、明治日本の近代化の中での、土俗的なものに対するあらたなる関心である。これを「奇談」の名目において一括するのは、当時にあっては特別な趣向があったわけではない。「奇談」の奇は、変った、珍らしい、怪しい、目立った等の意をふくみ、一般的に使用された語であった。その背後に昔ながらの世間話に目をかがやかせて耳をすます民衆たちの世界があった」と。

あきらかに、『近世奇談全集』の刊行に際して、主導権を握ったのは二十九歳の柳田国男であったにちがいない。土俗的なものや奇談にたいする偏愛にも似た関心のありようは、まさしく若き日の柳田その人のものであった。柳田こそが、近代における『老媼茶話』の発見者であった。その五年後に、柳田は佐々木喜善と、その物語りする遠野の伝承世界との衝撃的な邂逅を果たし、七年後に『遠野物語』として刊行するのである。『遠野物語』

を読んだ花袋は、「明治時代の『老媼茶話』と云つたやうな処をねらつて書いたところが面白くもあり可笑しくもある」と書いた。鏡花はといえば、『老媼茶話』は『遠野物語』によって「知己を当代に得たりと言ふべし」と書いた。『老媼茶話』から『遠野物語』へとつながる線分に、あらためて眼を凝らしてみたい。

まずはじめに、二つの物語集の序文である。『老媼茶話』の「序」から眺めてみよう。

山里は、常さへひとめまれなるに、神無月廿日あまり、時雨《しぐれ》ふりあれて淋しきゆふへ〳〵、近くの老媼・村老の夜の長さをくるしみ、夜毎に我《わが》草庵におとつれ来て、炉をめくり茶を煮て、をのかとちさま〴〵ものかたりなしぬるを、予はかたはらに聞居て、つれ〳〵のあまり書集めしに、いつとなく十六冊になりぬ。もとよりいやしき村老や姥の茶呑かたりなれは、虚妄の説のみにして十に壱ッもとる所なしといへとも、心有人に見すへきにしもあらす、只をさなきはらへの耳をよろこはしめむと、しるして老媼茶話と名つくるもの也。

聞き書きの状況らしきものが綴られている。時は十月二十日過ぎ、時雨が降り荒れて淋しい夕べ、場所は山里にある草庵。近所の年老いた媼や翁が、夜ごとに訪れてくる。かれらが炉のまわりに座って、茶を煮てすすり、たがいに「ものかたり」するのを、かたわらで聞いていて徒然に書き集めた、という。おそらく、事実そのものではない、虚構の匂いがする。『老媼茶話』には、あきらかに口承ではなく、文献を仲立ちとした説話も多数収められており、それは「地方説話たらんとするために設置された牧歌的土俗的な語りの場」（『近世奇談集成〔一〕』解題）であったことが示唆されているのかもしれない。虚構としての語りの場を設定したうえで、口承や文献を通じて手に入れた説話伝承が、十六巻の書物のかたちへと編み直されていった、ということか。文字が身をやつして語りを演じている、といった表情がなにやら露わなのである。

後半では、「いやしき村老や姥の茶呑かたり」であるから、「虚妄の説」ばかりで、「十に壱ッもとる所なし」であり、「心有る人」に見せるほどのものではなく、ただ「をさなきはらへ」つまり幼い子どもらの耳を悦ばしたい、という。身をやつすことへの欲望が、ここにも見え隠れしている。作者が書きつけた「辺隅幽栖柴扉散人　松風庵寒流」という名乗りのなかにも、やつし願望といったものが感じられる。「序」の最後に置かれた歌、「さみしさにおなしこゝろの友もかな雨にふけゆくねやの灯」もまた、同じ情緒に浸されているのではないか。

それでは、『遠野物語』の「序文」はどうだろうか。飽きるほどに読み返してきたはずだった。いつしか、そこに『老媼茶話』の幽かな影を感じるようになった。露骨なかたちではないし、柳田自身が意識していたか否かもわからない。しかし、確実に残響のようなものは感じられるのである。

此話《この》はすべて遠野の人佐々木鏡石君より聞きたり。昨明治四十二年の二月頃より始めて夜分折々訪ね来り《きた》此話をせられしを筆記せしなり。鏡石君は話上手には非ざれども誠実なる人なり。自分も亦《また》一字一句をも加減せず感じたるまゝを書きたり。思ふに遠野郷には此類の物語猶《なお》数百件あるならん。我々はより多くを聞かんことを切望す。国内の山村にして遠野より更に物深き所には又無数の山神山人の伝説あるべし。願はくは之を語りて平地人を戦慄せしめよ。此書の如きは陳勝呉広のみ。

語り部はだれか。遠野の人・佐々木喜善（鏡石は筆名）である。どのような語りの場が設けられたか。「夜分折々訪ね来り此話をせられしを筆記せしなり」という。どのように筆記したのか。喜善は話上手ではないが「誠実なる人」であり、「自分も亦一字一句をも加減せず感じたるまゝを書きたり」という。なぜ、それを書物にまとめるのか。「之を語りて平地人を戦慄せしめ」るためだ、という。

『老媼茶話』では設定された、虚構の語りの場といったものはここにはない。語りの場は疑いもなく、そこにあった。ただし、それは夜の炉端といった、村の語りを消費／再生産する場ではなく、都会の書斎のなかに設けられた記録のための擬似的な語りの場ではあった。そして、文字が身をやつして語りを演じることの否定こそが、柳田の意志であったことに注意したい。とはいえ、このときの柳田が文字／語りのせめぎ合いや葛藤を超える方法を獲得していたというわけではない。柳田の筆が喜善の語りを「活かし描ける」ことで、つかの間葛藤を宙吊りにしたといったところか。

『老媼茶話』には、「虚妄の説のみにして十に壱ッもとる所なし」とあった。だから、喜善は「誠実なる人」でなければならず、柳田自身もまた「一字一句をも加減せず感じたるまゝを書きたり」と表明せざるをえなかったのである。『遠野物語』序文の後半には、たとえば「近代の御伽百物語の徒に至りては其志や既に陋且つ決して其談の妄誕に非ざることを誓ひ得ず」と見える。近世の御伽百物語にたいして、その記録者としての志が低く、その話が「妄誕」つまり妄想から生まれた可能性を否定できない、という批判が投げかけられた。そうして、「窃《ひそか》に以て之と隣を比するを恥とせり」とまで言ってのけた。序文の最後には、やはり歌が置かれた、「おきなさび飛ばず鳴かざるをちかたの森のふくろふ笑ふらんかも」と。身をやつすかに見せかけて、この柳田の歌はひそかに挑発的なマニフェストとなっているかと思う。

神殺しのテーマをもとめて

たとえば、柳田は佐々木喜善からの聞き書きに取りかかったはじまりの夜に、以下のような『遠野物語』第三話の元になる話を聞いたはずだ。

山々の奥には山人住めり。栃内《とちない》村和野《わの》の佐々木嘉兵衛と云ふ人は今も七十余にて生存せり。此翁《おきな》若かりし頃猟をして山奥に入りしに、遥かなる岩の上に美しき女一人ありて、長き黒髪を梳《くしけず》りて居たり。顔の色極めて白し。不敵の男なれば直《すぐ》に銃を差し向けて打ち放せしに弾に応じて倒れたり。其処《そこ》に馳け付けて見れば、身のたけ高き女にて、解きたる黒髪は又そのたけよりも長かりき。後の験《しるし》にせばやと思ひて其髪をいさゝか切り取り、之を綰《わが》ねて懐に入れ、やがて家路に向ひしに、路の程にて耐へ難く睡眠を催しければ、暫く物蔭に立寄りてまどろみたり。其間夢と現《うつつ》との境のやうなる時に、是も丈の高き男一人近よりて懐中に手を差し入れ、かの綰ねたる黒髪を取り返し立去ると見れば忽《たちま》ち睡《ねむり》は覚めたり。山男なるべしと云へり。

柳田はきっと、深い衝撃とともに耳を傾けたにちがいない。なぜならば、みずからが五年ほど前に編纂にかかわった『老媼茶話』のなかには、「沼沢《ぬまざわ》の怪」と題された、こんな説話が収録されていたからである。

会津金山谷《かなやまだに》沼沢とて大沼あり。そこの深さはかるへからす。「此沼に沼御前とて主有る」と云伝へり。正徳三年五月、金山谷三右衛門といふ猟師、此沼へ暁かけて鴨打ちにまかりけるに、向ふ岸に二十斗《ばかり》の女、腰より下ひたり鉄漿《かね》つけて居たり。よく〳〵見るにその髪の長さ弐丈戸有り。「いかさま不思議のものよ」と思ひ、弐ッ玉鉄砲込ねらひすまし打《うつ》に、女の胸板を後ろへ打ぬくとひとしく、女沼へ倒れ入たり。女沼へ沈み、忽《たちまち》水底大雷電のことくに鳴はためき水波あらく岸を洗ひ雲くらく成《なり》、さしもの大沼虚空にわきあかり湯玉飛ちり湯煙天地をお丶ひまつくらになる。三右衛門大きに驚、いそきわか家へ逃帰るとひとしく、大雷大風大雨三日三夜の間不止《やまず》、金山谷真闇に成たり。諸人大きに驚き、「是《これ》只事にあらす」と恐おの丶く。其後雨やみて後、三右衛門身の上に何事なかりしといへり。

まず、主人公はともに猟師である。できごとの起こる場所は、山奥のはるかな岩のうえ／大沼の向こう岸近くと異なっているが、そこで猟師は美しい女／二十歳ばかりの女と遭遇するのである。その女の姿と言えば、身の丈よりも長い黒髪を梳っている／髪の長さは二丈ほどあり鉄漿をつけている、という。あきらかに化粧する女のイメージである。むろん、化粧する女は禁忌の対象であったはずだ。誘いかけるエロティックな女。柳田は「あの話か」と思い、このあとの展開に胸を高鳴らせたのではなかったか。誘惑する女。生身の女か、モノノケのたぐいか。遠野の猟師は「不敵の男」であったから、ただちに銃を差し向けて打ち放した。女は弾に応じて倒れた。会津の猟師は「いかさま不思議のものよ」と思い、鉄砲に弾をこめて狙いすまし打つ。弾が胸板を打ち抜くと、女は沼へ倒れ入った。まったく同じ展開ではないか。

ここからの展開はまったく隔たったものだ。「沼沢の怪」では、打たれた女は沼のなかに沈んで、雷鳴がとどろき波が荒れ、天地は真っ暗になる。猟師は大いに驚いて、わが家に逃げ帰る。大雷・大風・大雨が三日三夜やまず、谷は暗闇に閉ざされ、人々は恐れおののく。猟師の身の上にはなにも起こらなかった。いわばこれは、猟師が沼の女神を殺害する神話的な物語なのである。ただし、創世神話としては中途半端であり、なにかが欠けている気配がある。とはいえ、神殺しというテーマを見てとることができる。

あるいは、やはり近世の奇談集のひとつである『宿直草《とのいぐさ》』には、「第五　山姫の事」として、よく似た説話が見えている。あるとき、殺生（↓狩猟）のために深山に分け入ると、二十歳ばかりの美しい女に出会った。珍しい色の小袖に、黒髪は匂いやかである。このような山中で覚つかない思いながら、鉄砲を取りなおし、真っただ中を射つと、右手にこれを取り、深見草の唇ににこと笑みを浮かべるありさまは、凄まじいものだ……という。のちに、「それは山姫といふものだろう。気に入れば、宝などくれるらしい」と教えられる。山姫はもはや、妖怪の一種である。鉄砲の弾は手で受けて、倒れることはない。神殺しのテーマは屈折している。それにしても、前段の、女の描写のなんと似ていることか。化粧する女がここにも姿を見せている。

さて、これにたいして、『遠野物語』第三話の山人譚は、すでに神殺しの神話からは遠く隔てられている。猟師は倒れた女のもとに駆け寄り、「後の験にせばや」と黒髪を切り取り、懐に入れて家路に向かう。物陰にまどろんだところで、山男に黒髪を取り返される。天変地異も含めて、ほかにはなにひとつ起こらない。女が女神であった確証もない。柳田はおそらく、劇的なできごとが起こらず、ひっそりと黒髪が山男によって奪い去られる場面に戦慄を覚えたにちがいない。神殺しの神話はここでは、すでに零落のはてに妖怪化した山人たちとの遭遇譚と化しているが、それもどこか人間臭く感じられもする。いわば、説話伝承としては連続性があるにもかかわらず、幾重にも切断線が認められるのである。これこそが「現在の事実」だと、柳田は思ったにちがいない。

キツネに馬鹿にされる

『遠野物語』の孤立はかりそめのものであったのかもしれない。『遠野物語』の前には、その百七十年前の奇談集である『老媼茶話』が置かれてあった。明治末年には、近世がいまだ、足元に「現実の事実」へと地続きに転がっていたのである。そうして『老媼茶話』から『遠野物語』へと連なる線分を追い求めながら、わたしはじつは、『老媼茶話』の伝承の舞台である会津地方へと関心を差し向けてきた。昨年（二〇一一年）の夏から、『朝日新聞』福島版に、会津学研究会のメンバーたちが『会津物語』の連載を続けている。正直に書いておけば、会津が伝承の豊かな地方であることは知ってはいたが、これほどとは思わなかった。いま掘り起こされつつある『会津物語』は、確実に『遠野物語』へと繋がり、さらにブーメランのように『老媼茶話』へと伸びてゆく予感が、いつしか芽生えたのだった。

たとえば、こんな話が奇跡のように採集されていた。

「山姥をもてなす」（話者・角田ヤス、構成・会津学研究会、渡辺紀子）

山姥（やまんば）をもてなしたという曾祖母オチウの話を、オレの亡くなった祖母オセキからよく聞いた。明治の中頃の話かと思う。

オレの家は八町の一番上つ方（かみって）のはずれ。昔はすぐ裏に大山祇神社の分社があった。そばには六地蔵もあった。この辺りでは大山祇神社への信仰は篤かったから、一時は遠く昭和や沼沢、川口辺りからもお参りに来る人が絶えなかったそうだ。オレの家はそのお参りに来た人たちの休み場にもなったりしていたようで、婆は他所（たしょ）から来た人ももてなしていたようだ。

神社からすぐ下るとそこには湯沢川という沢がある。その沢の向こう岸に渡ってすぐ、ヤマンバユウと呼ばれる洞穴のような岩があった。元々はその岩から家まで登ってくると本当にすぐだった。昭和五十年の自然災害で岩は崩れて、今では下流に岩の一部が残るだけとなった。

その岩に棲んでいた山姥は「オチウいたか? 何かねぇか? お茶くっちぇくろ」とたびたび訪ねて来たそうだ。頭のてっぺんにでっかい口がある女の人だったらしい。婆は山姥が来るたび嫌がることもなくもてなしていたそうだ。オラ家にばっかり寄っていたのは「ここがヤマンバユウから一番近いし、寄りやすかったんだべ」と祖母は言っていた。

山姥は、家に何か悪さをするようなことは一度もなかったようで、婆が山姥のことを悪く言うこともなかった。それでもオレが子供の頃は、言うことを聞かないと「ヤマンバユウにせでぐ(連れて行く)ぞ。きかねえ子は山姥に食われっちまうからな」と必ず脅されて、怖い思いをしたものだった。また、別の年寄りからは「ヤマンバユウからは大きな角が出てきたんだぞ」と聞かされ、なおさら震え上がったことも覚えている。ここに山姥がいたのは、山姥が、近くの大山祇神社の門番をしていたからでねぇかなあ?と思うこともあるが、果たしてどうだか。

話者の角田ヤスさんは、このとき九十六歳であった。その曾祖母のオチウという人は、いつ頃の生まれであったのか。明治半ばか、さらに遡り近世末期あたりへと、時間は伸び広がっている気配が漂う。いったい、ヤマンバユウとは何者か。実在の人物のようでもあり、山の妖怪のようでもあり、定かにはしがたい。頭に大きな口があるのは、まさしく伝承のなかの山姥の特徴であるが、その山姥がお茶のもてなしを求めて立ち寄るのである。現実の縁《へり》が侵されている。人と妖怪との境界があいまいだ。『遠野物語』に登場してくる山人たち、山男・山女・山童・山姥などと感触がよく似ている。あらためて、明治末年には日本中どこにでも、それぞれの『遠野物語』が存在したのだということが実感される。あるいは、キツネに化かされる話が次から次へと集まっている。

「人を化かすキツネ」（話者・五十嵐七重、構成・会津学研究会、玉川美江）

大正半ばくらいのことだ。父の右平治が十五歳のころ、弟と二人でよく沼沢沼《ぬまざわ》にエビ獲りに行った。まだ発電所ができる前で、エビがたくさんいた。

藤崎という岩場があった。夜に、粉糠を煎って、雑木の葉に包んで仕掛けておくと、エビが寄ってくる。幼い弟はカンテラを下げて、「あんつあ、さすけねぇが?」と声をかけてくる。右平治が必死で獲っていたら、急にうしろからドンと押されて沼に入ってしまった。弟は押してない、という。

次の仕掛けでもどっさり獲れた。また押された。ハケゴのなかを見ると、たくさん獲れたはずのエビがひとつもない。次の仕掛けを引き寄せると、またドンと押された。そのとき、右平治は「キツネかもしんにぃ」と気づいた。「今夜はやめんべぇ」と弟に言うと、カンテラの火がボボボボと動き、パサッと消えてしまった。真っ暗になった。弟は怖がって泣きだした。やっとの思いで岩場を這いのぼり、道に出た。

弟の手をつかんで砂利道を行くと、前の笹藪がシャッシャッとすれて鳴る。足を止めると、笹の音もピタッと止まる。村が見えるところまでその音はついてきた。もう大丈夫というところまで来たとき、弟に「走れ！」と声をかけ、「ワッ！」と叫びながら家まで走った。

七重さんは父から、「いいか、うしろが気味悪ぃときは動物だ。前が気味悪ぃときは人間だ。おめぇはおなごだから、前が気味悪ぃと思ったときは気ぃつけろ。うしろが気味悪ぃときは、逃げられっとこまで来たら「ワッ！」て、ずない声出せ。昼間だったらけっして素顔を見せんな。顔覚えで、キツネはかならず仕返しすっかんな」と教えられたそうだ。

かつて、会津の人々はキツネとの共生を当たり前に受け入れていたのである。気がつくと、語りのなかに「キツネに馬鹿にされる」という表現がくりかえし見いだされる。化かされるとか、だまされる、ではなく、馬鹿にされるのである。キツネが超自然的な生き物であれば、化かされるのだろうが、馬鹿にされるという語感からは、人とキツネとの距離感がきわめて近いことが感じられる。「うしろが気味悪ぃときは動物だ。前が気味悪ぃときは人間だ」という父親の言葉も、妙にリアルでそそられる。だから、父は娘に、「前が気味悪ぃと思ったときは気ぃつけろ」と、動物や妖怪よりも人間の男のほうが危険な存在であることを教えているのである。

やがて、『会津物語』は小さな書物として刊行されるはずだが、それはきっと、『遠野物語』の孤立を会津から癒やす試みになる。『老媼茶話』から『遠野物語』へ、さらに『会津物語』へと繋がってゆく不可視の線分に、眼を凝らしつづけたいと思う。

（二〇一二年）

柳田国男の初志を受け継ぐ

英訳版『遠野物語』(ロナルド・A・モース訳)

3・11以後、柳田国男のテクストに立ち戻る

――赤坂さんは昨年、ロナルド・A・モースさんと共編で『世界の中の柳田国男』（菅原克也監訳／伊藤由紀・中井真木訳、藤原書店、二〇一二年）を刊行されましたが、そこでは、何か未知の問題に突き当たったとき、柳田のテクストに戻ってゆく、と書かれています。東日本大震災による津波と震災の現場に立たれて、「わたしは幾度となく柳田の膨大なテクストの海をさまよった」とも書かれています。

赤坂　3・11直後、民俗知の復権というテーマでエッセイを書きました。原発事故に遭遇して、原発とは人間の知恵や技によっては制御できないものだということを、われわれは見せつけられました。これはもう、付き合っていくべきものではないと感じてしまった。福島を歩いているかぎり、原発と共存して生きていくシナリオは、絶対にあり得ないと感じています。

では、人間の技術によって制御できない原発に、われわれは何を対置できるのか。一昨年の三月、僕が考えていたのは、民俗知のことであり、民俗のなかに埋もれている等身大の知や技を復権させることでした。岡本太郎が『沖縄文化論』で論じた、沖縄の「ちゅらかさ（美ら瘡）」のような伝統を復権させる必要があるのではないか、ということです。

沖縄では、天然痘を「ちゅらかさ」、すなわち美しい瘡と呼んでいた。自然がもたらす巨大な災厄に対して、それを防ぐとか抵抗するのではなくて、受け入れ、あやして、敬虔にまた送り返すような知恵や思想ですね。

3・11以後、そこに戻って、立て直すしかないと感じました。震災の途方もない爪痕をずっとたどりながら、無力感をおぼえて、原発に対して民俗知を対置することに、いったいどんな意味があるのかと思った時期もありました。でも、二年たって、等身大の人間たちが制御できる知や技を、もういちど立て直す戦略は、決して間違ってはいないと考えています。

3・11以後の早い時期から、僕は自然エネルギーを地域の自治と自立のよりどころにすべきだと語ってきました。自然エネルギーは最先端のテクノロジーが支えになっていますが、それはテクノロジーと風土が結婚することだと、僕は考えています。最先端のテクノロジーに背を向けて、昔に戻れと言っているのではなく、風土や民俗のなかの知恵や技を立て直す。小水力などはまさにそうですが、そういう知恵や技を掘り起こし、しかも最先端のテクノロジーと折り合いをつけながら、環境への負荷の少ない、安全性が保たれるようなエネルギーのあり方を求めていく。

そのとき、民俗知は力になり得るのではないか。3・11直後、最初はうなされるように、民俗知を復権させなければいけないと思ったのですが、二年たって、改めてそこへ戻ってきた。やはりいま、そこから一つ一つ立て直していくしかないと感じています。

――以前、「東北学へ」三部作（作品社、一九九六～九八年）をめぐってお話をうかがいました（『図書新聞』一九九八年九月五日号）。そのとき、いま、ここから東北学がはじまる、と言われました。そのことは、いまお話のあった民俗知の復権とも重なりますし、柳田国男が民俗学を構想するにいたる、「民俗学以前」の姿をも髣髴させます。

赤坂　東北学をはじめるときには、地方が切り捨てられて、どんどん萎縮していく時代のなかで、それでも、ここから新しい時代をデザインしていく動きがはじまるはずだ、と思いたかったのです。僕はそのときの東北学の初志を、東日本大震災に遭遇して、改めて確認しました。もういちど、震災が起きた現場から立て直さなければいけないと、覚悟を決めました。東北学の第二ステージが、はじまったのだと思っています。

いま言われたように、それは柳田が民俗学を創り、組織しようとした初志にも重なっています。既成の知である学問が取りこぼしている、マージナルな民衆、常民たちの声や思いをすくいあげる学問がない。だから柳田は、それを民俗学として組織しようとしたのだと思います。

僕はたまたま東北学と名づけていますけれども、あまり名前には意味がないような気がしている。とりあえず、民俗学と呼ばれたもの、東北学と呼ばれるものは、無から創られていくものですから、どんどん変わっていく。実際に、柳田の思想もどんどん変わっていきました。

ですが、たとえ時代錯誤であっても、経世済民の学としての民俗学を創ろうとした柳田の初志を、僕は受け継ぎたいと思っています。

日本文化の百科全書としての柳田国男

——3・11以後、何度も柳田国男のテクストに立ち返られた理由とは、何だったのでしょうか。

赤坂　柳田国男は僕にとって、とてもアンビバレントな存在です。たとえば、柳田と折口信夫と南方熊楠のうち、本当に好きなのは誰ですかと訊かれたら、僕はまちがいなく折口と答えます。柳田が生きていたとしても、おそらく指導を受けないと思うし、南方でもない。僕は異人・境界・供犠《くぎ》といったテーマで仕事をしてきましたし、共同体の外や、はざまに生きていた人たちに対するシンパシーで、研究をはじめたわけですから、やはり折口に対していちばん共感を覚えてしまう。

3・11以後、折口のことも思いました。『群像』（二〇一一年五月号）に書いた「海のかなたより訪れしもの、汝の名は」という論文では、折口の「民族史観における他界観念」を引きました。けれども、実際に被災地を歩き始めたときに、僕がくりかえし思い返したのは、『遠野物語』第九九話の海嘯《つなみ》の話であり、明治の大津波から二十数年後、柳田が三陸を歩いた紀行文である「豆手帖から」(『雪国の春』所収)、「物言う魚」(『一目小僧その他』所収)など、柳田のいくつかの文章でした。津波によってもたらされた泥の海を見たときには、柳田のエッセイ「潟に関する聯想」を思い出しました。つまり、被災地を歩きながら、僕がたぐり寄せるように読んだのは、柳田国男だったのです。その現実は、僕にとっては予想外でした。

柳田は日本の民俗学を創った人ですから、あらゆる日本文化、地域社会の出来事や現象に対して発言をしていますし、やはりそのことは大きい。だから、少なくとも僕にとって、柳田は百科全書のような人です。何かにぶつかったとき、柳田に戻って、柳田が何を語っていたのかを一つの起点にして、ものを考えるということが、僕のなかに知の作法のようなものとしてあるのだなと、改めて実感させられました。

——赤坂さんは「『遠野物語』は百歳になった」(『増補版　遠野/物語考』荒蝦夷、二〇一〇年)で、『遠野物語』のエピグラフ「此書を外国に在る人々に呈す」に言及されています。刊行から百年以上を経て、『遠野物語』の世界は、いまや外国に在る人だけでなく、私たちにとっても外国の話のように遠くなりました。ですが、3・11以後のいま、一国民俗学の創始者といった既成の評価や批判から遠く離れて、柳田を読みなおす可能性が、ここに開けているのではないでしょうか。

赤坂　思想家としての柳田の評価が始まるのは、没後間もない一九六〇年代半ばからです。

ちょうど日本社会が高度経済成長期にさしかかるのですが、そこにはとても大切な意味合いがあります。

吉本隆明の『共同幻想論』が非常に大きな影響を与えたと思います。僕自身も『共同幻想論』を仲立ちとして『遠野物語』に出会っている。吉本さんの『遠野物語』理解は、いまとなってみれば、とても不思議な代物だったのですが、その影のもとで七〇年代に柳田ブームが起こった。六〇年代の政治運動に挫折した全共闘世代が、その主要な支え手になっていました。

柳田ブームを支えたのは、まだ若かった宮田登さんや後藤総一郎さんたちですが、そのなかから、天皇制批判、土俗からの反乱など、いまとなっては古色蒼然としたアジテーションが出てきた。常民の論理を掘り起こすことによって、それが変革の論理になるのではないか、という夢が語られた時代でした。

僕が柳田を読み始めた一九八〇年代は、そういう空気が萎んでしまった後の時代です。柳田についての連載を始めて、ふと気がつくと、村井紀さんや川村湊さんたちが、植民地主義批判の角度から、いっせいに柳田批判をはじめた。柳田は牧歌的な常民の世界を語ったけれども、ほんとうは生臭い政治の渦のなかにいて、植民地主義を隠蔽していた、韓国併合にも法制官僚として関わった、と批判されました。ある部分は事実ですが、そういう言説のなかで、柳田をめぐる神話が引きずり下ろされ、破壊された。

ですが、その批判の担い手たちも全共闘世代なんですよ。つまり、吉本さんの『共同幻想論』のアジテーションで柳田に向かった人たちが、批判に転じていったのです。僕にはそれが、柳田批判と吉本批判を重ね合わせにしているような動きに見えてしまって、なにか違うなと感じたのです。

政治のフィルターをくぐり抜け、生臭い政治にも関わった柳田は、明治の知識人として、生まれたばかりの国民国家を下から支えるために働いたのです。そういう側面はまちがいなくあるでしょう。ですが、現在の時点からそれを批判することに、はたして意味があるのか。少なくとも僕は、そういう視座からの批判に、熱くなれなかったのです。

ちょうどその頃、僕は『柳田國男全集』全三六巻（筑摩書房、一九九七年〜）の編集委員になりましたが、『定本柳田國男集』とは天と地と言えるほどに売れない。もう柳田国男ではないのかなという思いもあって、とても冷ややかになったりした。にもかかわらず、東日本大震災が起こって、結局、僕が戻っていくのは柳田国男だった。

僕は柳田が何を語っていたのか、というところに戻っていきました。何度かの波があって、洗い流され、『遠野物語』の発刊から一〇〇年がすぎ、東日本大震災が起こって、改めて、柳田国男とはいかなる存在なのか、と思いを巡らしています。

もう終わったと考えていたのに、終わっていない。柳田とは何者なのか、という思いを抱きながら、モースさんと『世界の中の柳田国男』を編纂し、去年の夏には遠野で「21世紀における柳田国男」と題する国際フォーラムを開催して、この本に寄稿されたうち何人かを海外から招いて議論しました。『遠野学』（遠野文化研究センター刊）の第二号にその記録が掲載されています。

柳田については、僕のなかで、いまだに揺らぎがあって、決着がついてないというのが正直なところです。ですが、一つ言えるのは、日本文化の百科全書として、柳田国男以上に包括的で、繊細なデータベースはおそらくないということです。『柳田國男全集』は電子出版の過渡期だったので、きちんとした検索をかけられるようなかたちになっていない。けれども、巨大な日本文化のデータベースとして、柳田を使えるような環境を創るという仕事はこれからいよいよ重要になるでしょう。百科全書としての柳田国男という視点から読みなおし、組み立てなおすことが、とても有用な仕事になりそうだと感じています。

『遠野物語』と聞き書きの秘密

——柳田の「民俗学以前」の作品である『遠野物語』には、いま私たちが民俗知を生かしていくうえでの、ヒントがあるのではないでしょうか。

赤坂　去年の遠野での国際フォーラムで、福田アジオさんがとてもおもしろい指摘をされました。日本の民俗学は、椎葉《しいば》村《そん》の紀行である『後狩詞記《のちのかりことばのき》』を継承し、それを基本として創られてきた。たしかに、分類や民俗語彙、採集のあり方やフィールドワークのスタイルなど、いろいろなレベルで『後狩詞記』は民俗学を支えてきた。ところが、福田さんはそれに続けて、その日本の民俗学は『遠野物語』を忘却してきた、と言われたのです。民俗学を支える方法や道具として、『遠野物語』をきちんと取り込むことに失敗してきた、あるいは、取り込むことを拒絶してきたのかもしれない、ということです。たいへん示唆的な気がします。『遠野物語』は、しばしば日本民俗学誕生の記念碑だと言われますが、どうも違う。『遠野物語』の受容の歴史を眺めてみても、これをくりかえし再発見してきたのは、民俗学のテリトリーの人たちではないんですね。桑原武夫から三島由紀夫、吉本隆明まで含めて、エポックになる『遠野物語』の発見者、再発見者は民俗学の外にいる人たちで、『遠野物語』を文学的に評価したのです。そのことがおそらく、『遠野物語』がくりかえし読まれてきた、大きな原動力になっているのです。

民俗学的な一次資料としては、いささか心もとない。でも、文学作品として眺めれば、きわめておもしろい、すぐれた作品である。ですが、その文学性が、日本民俗学の担い手たちにとっては、扱いにくいタブーのような側面がある。『世界の中の柳田国男』に収められたメレック・オータバシさんの長編論文「写実主義文学として『遠野物語』を読む」は、きわめて冷静に、しかも説得力をもって、文学作品としての『遠野物語』を浮き彫りにしてくれています。そこでオータバシさんは「『遠野物語』は民話集であると同時に、これを大胆に近代文学の語法に翻訳する試みでもあった」

と述べています。

言われてみれば、まだ『遠野物語』が生まれた一九一〇年には、民俗学なんていう学問は、かけらもなかったわけですね。柳田自身も、文学との別れを果たしたと言いながら、果たしてはいなくて、『遠野物語』という、きわめて文学的な試みを行なった。しかも、ここがおもしろいんですが、柳田が『遠野物語』を書くうえで選んだ不思議な文語体は、民俗社会の語りを浮き彫りにするための写実的な効果をもっていた。そのことに気がついていた読者がたった一人いると、オータバシさんが指摘しています。語り部の佐々木喜善です。

喜善は『遠野物語』を読んで、自分が語った遠野の民話や語りの世界とは、まったく違うことに、すぐに気がつくんですね。と同時に、自分の語り以上にいきいきと、フォークロアの世界が再現されているということに、驚きを覚えた。

同時代の言文一致的な口語体の小説、自然主義文学が決してとどかない場所から、柳田はフォークロアの世界を掘り起こしている。佐々木喜善の語りや声は消されているけれども、にもかかわらず、それが深いところにとどく仕掛けになっていることに、佐々木喜善ただ一人が気づいていたと、オータバシさんが指摘しているんです。これはすごくおもしろい。

――そこには、聞き書きというものの秘密があり、柳田が『遠野物語』の序文で述べた、佐々木喜善の話を「聞きたるまま」ではなく、「感じたるまま」に書いたということの、深い意味がありますね。

赤坂　まさに聞き書きの秘密で、柳田は「聞きたるまま」ではなく、「感じたるまま」に書いたと述べた。にもかかわらず、われわれはどこかで、「聞きたるまま」に書くことが、誠実な学問的態度であるという思い込みをもたされてきた。

でも、たとえば、おじいちゃん、おばあちゃんの話を聞き書きするとき、話それ自体はおもしろいし、魅力的であるけれども、「聞きたるまま」に書いてもつまらない。聞き書きの凄味は、たぶんそのレベルにはないんですよ。語ったことばがそれだけで、その人の真実を表しているわけではないし、じつは語らなかった、語り得なかった、たとえば表情や仕草、あるいは沈黙のなかにしか、真実がなかったりする。

そのことは、作者とは誰か、語り部とは誰か、という大きな問題に流れ込んでいくのですが、やはり『遠野物語』は、「感じたるまま」を書いた柳田国男の創った文学作品であり、だから残っているのです。それは聞き書きではない、誠実な態度ではない、と言われるかもしれない。けれども、『遠野物語』が民俗学のテクストとして読み継がれているわけではないことを、われわれは再確認したほうがいいと思います。

民俗社会のなかで語られている声を、「聞きたるまま」に再現してやれば、何かが見えてくるのではない。どのように語るか、どのように書くかということが、決定的に重要です。それが柳田の直面していたテーマだったのです。どのように語るか、どのような文体を選べば、佐々木喜善の語りの世界をいきいきと眼前に甦らせることができるのか。そのテーマを、百年後のわれわれはもう一度、あらためて突きつけられています。

没後五十年、世界の中の柳田へ

――そのことは、二十一世紀のいま柳田国男を読む、というテーマとつながりますね。

赤坂　ええ。いま柳田を読むうえで、もう一つ語られるべきは、没後五十年で著作権が切れたことが、これから大きな影を落としていくのではないかということです。僕のところにも、『遠野物語』のムック本や、口語訳の本を作れないか、といった話が持ち込まれます。映画化やアニメ化も、著作権が切れるのを待って動きだしているという話も聞いています。柳田国男をめぐる出版状況は、これから大きく変化していくでしょう。著作権が切れれば、特に電子出版のなかに自由に取り込まれます。

そうなると、共有の財産として、自由に開かれたかたちで柳田国男を使うことのできる状況が、いよいよ広範に生まれてくるし、柳田の読み方も変わってくるのではないでしょうか。

角川ソフィア文庫「柳田国男コレクション」（二〇一二～一三年、全一二冊）は、本を単位にして編んでいますが、さらにここから、違う切り口で柳田を編む試みがはじまることも考えられます。

かつて、埋もれた単行本でしか読むことができなかった柳田の著作が、『定本柳田國男集』の刊行で当たり前に読むことができるようになった。著作権が切れたことが、そんなふうに視野を広げて、いい方向に働いてくれるといいですね。

昨年の遠野の国際フォーラムのなかで、アラスカ大学のデイヴィット・A・ヘンリーさんが語ったことですが、講義のなかで英訳版の『遠野物語』を読ませてアンケートをとったところ、学生たちが二つのことばで読後の印象を表した。それが、一つは「不思議」、もう一つは「懐かしい」なんです。すごくおもしろいと思いました。不思議というのはわかるのですが、どうしてアラスカの若い学生たちが、懐かしいと感じるのか。

グローバル化のなかで、世界の誰もがふるさとから切り離されて、異郷に生かされている。柳田のことばで言えば、いまは誰もが「外国に在る人々」になってしまった時代です。そのなかで、『遠野物語』は世界文学として再発見されるのかもしれない。民俗や国境を越えて、不思議な世界にある懐かしさを覚えるという心性は、もしかしたら大きな広がりをもってくるのかもしれません。

僕はいま、遠野文化研究センターという小さな研究所を創って、遠野で活動を始めています。国際フォーラムもその活動の一環ですが、『遠野物語』の英語版を作ったモースさんは、著作権フリーにして、誰が使ってもいいようにしています。モースさんとは、英訳版から、さらに世界のさまざまなことばに翻訳して、著作権フリーのかたちで、世界の人々が『遠野物語』を読めるようにしていこうと議論しています。

そのとき、「懐かしい」ということばの意味が、もういちどわれわれの方に戻ってくるかもしれない。世界文学としての『遠野物語』が、夢物語ではなく受容されるときが来るのかもしれません。民俗学の古典ではなく、すぐれた文学作品として、しかも世界に通じるような、民俗や国境を越えて読まれる世界文学として、再発見される時代が来るのかもしれないと感じています。

柳田を一国民俗学のなかに閉じ込めておく時代はもう終わり、政治的な批判もほとんど意味をなさなくなる。そのなかで、柳田の再発見がはじまるかもしれない。思えば、近代日本が生んだ思想のなかで、柳田ほど国境を越えて受容されている人はいないですね。だからこそ、『世界の中の柳田国男』という本も成立するのです。

僕はいま、ローカルにこだわることが、グローバルな地平に突き抜けていく方法だと感じています。ローカルを消去して、グローバルな地平に出ることはできない。むしろ、ローカルの足元をとことん掘ることが、世界に突き抜けていく方法になりうる。柳田国男を読みなおすことで、われわれはそのことを思い知らされるのかもしれません。

（二〇一三年／聞き手　米田綱路）

あとがき

あらためて、柳田国男はようやく古典になったのかもしれない、と思う。創刊したばかりのちくま新書の一冊として、『柳田国男の読み方』が刊行されたのは、わたしが東北にフィールドを移して二年ほどが過ぎた一九九四年のことだった。それから、ほぼ十九年の歳月が過ぎ去ったわけだが、奇妙な感慨を拭えずにいる。正直に書いておけば、わたしはその間、幾度か、柳田との訣れを果たそうとして果たせず、いまも気分は宙吊りの状態だ。わたしにとって、柳田国男とはいかなる存在なのか、うまく説明する自信はまるでない。

たとえば、柳田国男とはわたしの学校であった、と呟いてみる。じつは、わたしは二年前に、十九年間過ごした山形から東京にもどったが、いまも週の半分はどこか東北にいる。東日本大震災の被災地を歩いている。この三・一一以後の日々のなかで、わたしははるかに遠くなっていたはずの柳田との、いわば再会を果たしている。古めかしい学校に舞い戻ったかのように、妙に気分は落ち着かない。依然として、柳田国男という名の学校は廃校どころか、健在だったのである。

この、新しく編まれた『柳田国男を読む』には、まず新書の『柳田国男の読み方』全編を第一部として収めた。第二部は、わたし自身の柳田国男をめぐる論考のなかから、それぞれに画期をなすものを三編選び、もっとも最近のインタヴュー一編を加えて構成してある。「柳田国男／幻像としての常民」は、わたしがデビューして間もない頃に書いた、はじめての本格的な柳田国男論であり、ほとんどその後に展開することになる柳田批判の骨格が示されている。「一国民俗学を越えて」は、一九九〇年代に起こった柳田国男批判の流行現象にたいする応答として書かれたものだ。「『会津物語』は可能か」は比較的に最近のものだが、柳田の『遠野物語』との距離を測り直すために執筆されている。そして、最後に収めたインタヴューは、「柳田国男の初志を受け継ぐ」という、いくらか気恥ずかしいタイトルそのままに、二〇一三年のわたしにとっての柳田国男像が語られているかと思う。

今回も、ちくま学芸文庫編集部の町田さおりさんのお世話になった。謹んで感謝申し上げたい。ともあれ、いましばらく、柳田国男はわたしの学校であり続けるらしい。こうなれば、とことん最期を見届けるしかあるまい。被災地からは、その柳田がよく見える。

二〇一三年六月二〇日

赤坂憲雄

本書は一九九四年九月二〇日、筑摩書房より刊行された『柳田国男の読み方――もうひとつの民俗学は可能か』（ちくま新書）を第一部とし、第二部として以下の四篇を増補したものである。

柳田国男／幻像としての常民
初出＝『現代詩手帖』一九八七年四月号
底本＝『境界の発生』砂子屋書房、一九八九年四月
一国民俗学を越えて
初出＝『創造の世界』一九九九年秋号
底本＝『一国民俗学を越えて』五柳書院、二〇〇二年六月
『会津物語』は可能か
『現代思想』二〇一二年一〇月臨時増刊号
柳田国男の初志を受け継ぐ
『図書新聞』二〇一三年五月一八日号

なお、文庫化にあたり、引用文に編集部でルビを補った。また引用文中の〔　〕は引用者による註・補遺を示す。

（ちくま学芸文庫編集部）

夜這いの民俗学・夜這いの性愛論　赤松啓介

筆おろし、若衆入り、水揚げ……。古来、日本人は性に対し大らかだった。在野の学者が集めた、柳田が切り捨てた性民俗の実像。（上野千鶴子）

差別の民俗学　赤松啓介

人間存在の病巣〈差別〉。実地調査を通して、その実態・深層構造を詳らかにし、根源的解消を企図した赤松民俗学のひとつの到達点。（赤坂憲雄）

非常民の民俗文化　赤松啓介

柳田民俗学による「常民」概念を逆説的な梃子として、「非常民」こそが人間であることを宣言した、赤松民俗学最高の到達点。（阿部謹也）

アイヌの昔話　稲田浩二編

アイヌ族が遠い祖先から受け継いだ韻文のユーカラと散文のウェペケレの中から最も愛されているものを選び「昔話」の名で編集。文庫オリジナル。

異人論　小松和彦

「異人殺し」のフォークロアの解析を通し、隠蔽され続けてきた日本文化の「闇」の領野を透視する。新しい民俗学誕生を告げる書。（中沢新一）

悪霊論　小松和彦

人々に祟り、人に憑いて、その怨みを自ら語る悪霊たちの魂とは？　モノ憑き・怨霊譚の奥深くわけ入って探る日本の「闇」の底。（内田隆三）

聴耳草紙　佐々木喜善

昔話発掘の先駆者として「日本のグリム」とも呼ばれる著者の代表作。故郷・遠野の昔話を語り口を生かして綴った183篇。（益田勝実・石井正己）

新編 霊魂観の系譜　桜井徳太郎

死後、人はどこへ行くのか。事故死した者にはなぜ特別な儀礼が必要なのか。3・11を機に再び問われる魂の弔い方。民俗学の名著を増補復刊。（宮田登）

江戸人の生と死　立川昭二

神沢杜口、杉田玄白、上田秋成、小林一茶、良寛、滝沢みち。江戸後期を生きた六人は、各々の病と老いをどのように体験したか。（森下みさ子）

妖怪の民俗学　宮田登

妖怪はいつ、どこに現われるのか。江戸の頃から最近の都市空間の魔性まで、人知では解し難い不思議な怪異現象を探求する好著。（常光徹）

ケガレの民俗誌　宮田登

被差別部落、性差別、非常民の世界など、日本民俗の深層に根づいている不浄なる観念と差別の問題を考察した先駆的名著。（赤坂憲雄）

はじめての民俗学　宮田登

現代社会に生きる人々が抱く不安や畏れ、怖さの源はどこにあるのか。民俗学の入門的知識をやさしく説きつつ、現代社会に潜むフォークロアに迫る。

南方熊楠随筆集　益田勝実編

博覧強記にして奔放不羈、稀代の天才にして孤高の自由人・南方熊楠。この猥雑なまでに豊饒な不世出の頭脳のエッセンス。（益田勝実）

奇談雑史　宮負定雄　佐藤正英／武田由紀子校訂・注

霊異、怨霊、幽明界など、さまざまな奇異な話の集大成。柳田国男は、本書より名論文「山の神とヲコゼ」を生み出す。日本民俗学、説話文学の幻の名著。

侠客と角力　三田村鳶魚　柴田宵曲編

侠客と角力はもともと似たような畠から発生したものである――。江戸風俗の生字引・鳶魚が語る相撲とヤクザのルーツと歴史。（氏家幹人）

贈与論　マルセル・モース　吉田禎吾／江川純一訳

「贈与と交換こそが根源的人類社会を創出した」。人類学、宗教学、経済学ほか諸学に多大の影響を与えた不朽の名著、待望の新訳決定版。

柳田國男対談集　宮田登編

民俗学の巨人柳田國男の学問と思想を知る上で貴重な対談集。日本人の神観念についての折口信夫との興味深い対談など九編を収録。（宮田登）

山口昌男コレクション　山口昌男　今福龍太編

20世紀後半の思想界を疾走した著者の代表的論考をほぼ刊行編年順に収録。この独創的な人類学者＝思想家の知の世界を一冊で総覧する。（今福龍太）

ちくま学芸文庫

柳田国男《やなぎたくにお》を読《よ》む

二〇一三年七月十日　第一刷発行

著　者　赤坂憲雄（あかさか・のりお）

発行者　熊沢敏之

発行所　株式会社　筑摩書房

東京都台東区蔵前二―五―三　〒一一一―八七五五

振替〇〇一六〇―八―四一二三

装幀者　安野光雅

印刷所　株式会社精興社

製本所　株式会社積信堂

乱丁・落丁本の場合は、左記宛にご送付下さい。

送料小社負担でお取り替えいたします。

ご注文・お問い合わせも左記へお願いします。

筑摩書房サービスセンター

埼玉県さいたま市北区櫛引町二―六〇四　〒三三一―八五〇七

電話番号　〇四八―六五一―〇〇五三

ISBN978-4-480-09546-6 C0139